Kurze Geschichte unserer Frau vom guten Erfolg und Novene

Ich bin Maria des guten Rates und die Königin des Sieges

Dolorosa Press
St. Saviour's House
St. Agnes Avenue
Bristol BS4 2DU

Das Werk einschließlich aller Inhalte ist urheberrechtlich geschützt. Alle Rechte vorbehalten. Nachdruck oder Reproduktion (auch auszugsweise) in irgendeiner Form (Druck, Fotokopie oder anderes Verfahren) sowie die Einspeicherung, Verarbeitung, Vervielfältigung und Verbreitung mit Hilfe elektronischer Systeme jeglicher Art, gesamt oder auszugsweise, ist ohne ausdrückliche schriftliche Genehmigung des Verlages untersagt. Alle Übersetzungsrechte vorbehalten.

Copyright © 2015 Paul M. Kimball
ISBN: 978-0-9883723-5-1

Um einen Nachdruck zu erbitten, bitte wenden sie sich an:
Dolorosa Press
www.dolorosapress.com
Email: avemaria@dolorosapress.com

Mutter Mariana von Jesus Torres y Berriochaoa

Eine auserwählte Seele

Der moderne Mensch ist heute ausschließlich nur noch von Dingen überzeugt, die er sehen kann und beurteilt einen anderen Menschen daran, was er hat, nicht was er ist. Aus diesem Grund ist es schwer zu verstehen, wie heutzutage Menschen ins Kloster eintreten, um ein isoliertes, auf Gott konzentriertes Leben zu führen, mit Gebeten und Opfern, die häufig mit großen Gnaden Gottes belohnt werden.

Mutter Mariana von Jesus Torres, eine der Gründerinnen des Konvents des Ordens der Unbefleckten Empfängnis in Quito, war eine außergewöhnliche Ordensschwester, die mit einem heroischen Grad an Heiligkeit lebte, welche sich besonders durch die treue Befolgung der evangelischen Lehre Jesus Christi auszeichnete. Gott wählte sie aus, um die Erscheinungen zu sehen, die ihr die Umstände und Zustände in ihrer Zeit und in der Zukunft offenbaren sollte.

Im Jahr unseres Herrn 1563 in Spanien geboren, in der Provinz von Vizcaya, fühlte Mariana schon früh eine religiöse Berufung. Ihr Leben war seit ihrem 13. Lebensjahr von übernatürlichen Dingen durchdrungen. Und so verließ sie, mit dem Einverständnis König Phillips II., ihr Land, begleitet von ihrer Tante Maria von Jesus Toboada und anderen religiösen Frauen und machte sich auf den Weg nach Quito, mit der Bestimmung das erste Kloster in Amerika zu eröffnen, welches der Unbefleckten Empfängnis Mariens geweiht werden sollte. Dieser Orden wurde einige Jahrzehnte zuvor in Spanien von der heiligen Beatriz de Silva gegründet.

Während dieser Zeit blühte der katholische Glaube am Königshof auf und gewann an Sicherheit und Verbreitung. Es war der Verdienst des Glaubens und des Eifers der Missionare, des Mutes der Siedler und der spanischen Eroberer, als auch der (Freundlichkeit und) Tugendhaftigkeit der Eingeborenen. Aufgrund dieser glorreichen Vergangenheit, die bis heute ein Erbe in Ecuador hinterlassen hat, ist ein Glauben und eine außergewöhnliche Frömmigkeit und unzählige marianische

Schreine, die allesamt der Heiligen Mutter Gottes geweiht sind, entstanden, die an ihre Erscheinungen und unzähligen Beistand erinnern. In einigen von diesen sind wunderschöne Gemälde, die bis heute von Pilgern aus der ganzen Welt verehrt werden. Aufgrund dessen kann man ohne Scheu behaupten, dass Ecuador eine „Reliquie Amerikas" ist.

Als Antwort auf ein Gesuch der städtischen Verwaltung und berühmter Familien in Ecuador, schickte seine Majestät König Phillip II. eine Gruppe religiöser Gründerinnen, geleitet von der ehrwürdigen Mutter Maria von Jesus Taboada, der Cousine des Königs, nach Ecuador.

Die grässliche Schlange

Die Ausbreitung der Verehrung der Unbefleckten Empfängnis in der ganzen Welt konnte durch keine Macht der Hölle aufgehalten werden. Sie löste jedoch einen furchtbaren Sturm aus, der drohte das Schiff, in denen die spanischen Schwestern reisten, sinken zu lassen. Inmitten des Sturms erblickte Mutter Maria und ihre Nichte plötzlich eine missgestaltete Schlange, die versuchte durch Aufwühlen des Wassers, das Schiff zu zerstören. Das Kind Mariana schrie und fiel in Ohnmacht, während ihre Tante Gott anflehte, ihnen in dieser todbringenden Situation beizustehen. Als sie ihr Gebet beendet hatte, beruhigte sich der Sturm wie durch ein Wunder. Dennoch, nachdem die Sonne aufgegangen war, konnten sie eine schreckliche Stimme vernehmen, die sagte: „Ich werde diese Gründung nicht zulassen; ich werde es bis ans Ende der Zeit nicht zulassen und werde sie deswegen jedem Augenblick verfolgen."

Als das Boot am 30. Dezember 1576 in Quito ankam, wurden die Schwestern unter großem Jubel empfangen und wurden daraufhin im Kloster untergebracht, welches zu der Zeit noch im Bau war. Kurze Zeit später, nahmen schon einige junge Frauen der Stadt, motiviert durch den wachsenden religiösen Eifer, am klösterlichen Leben teil.

Die Gründung

Am 13. Januar 1577 wurde das königliche Kloster des Ordens der Unbefleckten Empfängnis in Quito gegründet. Es war das erste Nonnenkloster in Ecuador und das erste Konvent dieses Ordens in Lateinamerika, als ein gebrechlicher Franziskaner die Profess der sechs Gründerinnen entgegennahm. Diese waren die ersten „Ehefrauen" unseres Herrn Jesus Christus im Land Ecuador. Das kleine Kind Mariana Torres legte, in der zuvor erwähnten Zeremonie, noch keine Profess ab, aus dem einfachen Grund, da sie erst 13 Jahre alt war. Aber sie sollte dies zwei Jahre später tun. Damit erhielt sie dann auch ihren Namen ‚Schwester Mariana vom Kinde Jesu'. In diesem Kloster lebte sie die folgenden 59 Jahre und erlitt den Kreuzweg ihrer religiösen Formung, immer unter dem Schatten des Kreuzes und wurde in ein sühnendes Opfer für unseren Herrn umgeformt.

Schwester Mariana musste sich gegen Rebellionen einiger sehr schlechter Schwestern wehren, die, angefüllt mit dem Hass des Teufels, sich gegen sie wandten, sie verleumdeten und zuletzt erzwangen, sie in das Gefängnis des Klosters sperren zu lassen, obwohl Schwester Mariana die Äbtissin eben dieses Klosters war.

Die Rebellen überlegten sich, wie hart sie zur Schwester sein könnten, ohne die Regeln des heiligen Franziskus zu brechen, der den Orden des Unbefleckten Herzens seit seiner Gründung beherrschte. Sie kamen aber zu dem Entschluss diese Richtlinien zu verwerfen, indem sie eine Reihe von Verschwörungen aufzählten und aus Rom eine Genehmigung erbaten, das Kloster unter die Verantwortung des örtlichen Bischofs zu stellen. Als die Gläubigen diesen Abbruch des Glaubens sahen, in den sie gestoßen worden waren und der das gesamte Kloster und den Glauben darin zu zerstören drohte, erschien eines Tages Unsere Liebe Frau.1

Konvent des Ordens des Unbefleckten Herzens in Quito

Ich bin Maria, Mutter vom guten Erfolg

Am frühen Morgen des 2. Februar 1610 betete Mutter Mariana, mit der Stirn auf dem Boden liegend, im Chorraum des Klosters und bat die Königin des Himmels, dass sie die Lasten des Konvents und dessen Nonnen erleichtern und kommen möge, um der Kirche aus der Not zu retten. Inmitten ihres inständigen Gebets bemerkte sie, dass jemand neben ihr zu stehen schien. Eine sanfte Stimme rief sie mit ihrem Namen. Es war eine Dame von unbeschreiblicher Schönheit, umgeben von strahlendem Glanz, heller als die Sonne und sie trug eine wunderschöne Krone von glitzernder Helligkeit. Auf ihrem linken Arm trug sie ein kleines Kind, so schön wie die aufgehende Sonne und in der rechten Hand hielt sie die Schlüssel des Klosters und einen goldenen Bischofsstab, geschmückt mit kostbaren Edelsteinen, als Zeichen ihrer Herrschaft und Autorität über das Konvent. In Ekstase versetzt und voller Emotionen wagte die betende Nonne zu fragen:

„Wer bist du, wunderschöne Frau? Und was verlangst du von mir, die ich bloß eine arme Nonne bin?"

Mit lieblichen Stimme antwortete die Dame:

Ich bin Maria vom guten Erfolg, die Königin des Himmels und der Erde. Und weil du mich mit einer so durchdringenden Liebe angefleht hast, bin ich vom Himmel hinab gekommen, um deinem betrübten Herzen Trost zu spenden. Unser himmlischer Vater hat deine Gebete, Tränen und Bußen erhört […] Wie du sehen kannst halte ich in meiner rechten Hand einen Bischofsstab, weil ich wünsche dieses Konvent als Priorin und Mutter zu leiten. […]Der Teufel aber versucht, dieses Werk Gottes zu zerstören[…] aber er kann nicht siegen, denn ich bin die Königin des Sieges und die Mutter vom guten Erfolg: unter diesem Namen werde ich Wunder in jedem Zeitalter vollbringen. Ich möchte, dass du dein Herz kräftigst, damit dich keine

Die Statue unserer lieben Frau des guten Rates im Chorraum des Klosters, direkt über dem Sitz der Äbtissin

Trübsal besiegen kann. Dein Leben wird lang sein, zur Ehre und Glorie Gottes und der himmlischen Mutter, die gerade zu dir spricht. Mein Allerheiligster Sohn wird dich in allen erdenklichen Formen leiden lassen. Und, damit du die Tapferkeit erlangen mögest, dies zu erdulden, schenke ich ihn dir. Nimm ihn in deine Arme.

Als Schwester Mariana das Kindlein in ihre Arme nahm, verspürte sie ein inneres Verlangen alle Leiden auf sich zu nehmen und war bereit sich selbst als Opfer darzubringen für die göttliche Gerechtigkeit und dies, sofern es möglich wäre, bis an das Ende der Welt. Die heilige Mutter verweilte bis 3 Uhr in der Früh im Kloster.

Äbtissin des Konvents

Daraufhin gab die heilige Mutter ihren Willen bekannt, wie sie im Konvent als andauernde Äbtissin geehrt werden wolle:

Es ist der Wille meines Allerheiligsten Sohnes, dass du eine Statue bauen lässt, die so aussehen soll, wie du mich jetzt siehst. Diese Statue soll über dem Sitz der Äbtissin aufgestellt werden. Und in deren rechte Hand wirst du einen Bischofsstab und die Schlüssel des Konvents legen, als Zeichen meiner Herrschaft und Autorität über den Konvent. In meine linke Hand gibst du mir meinen göttlichen Sohn. Ich selbst werde diesen Konvent behüten. [2]

Die Allerheiligste Mutter nahm den Konvent als ihr Eigen an, ein mächtiger Schutz gegen allerlei Angriffe des Teufels und desweiteren als Zeichen dafür, dass Gebete auf die Fürsprache der Frau des Guten Rates Gnade und Vergebung für aller Sünder erwirken, wenn diese mit reuevollem Herzen begangen werden, denn sie ist die Mutter der Gnade.

Unsere Frau vom guten Erfolg gibt Mutter Mariana die Maße, um die genaue Größe der Statue zu wissen

Die Größe der Statue

Mutter Mariana zögerte. Wie sollte sie nur so eine schwierige Aufgabe bewältigen? Und über dies hinaus: zuerst, wie sollte sie nur die Genehmigung des Bischofs erhalten? Und danach, wie sollten all die Ressourcen gewonnen werden und welcher Bildhauer war in der Lage eine solche Statue anzufertigen? „O liebe Frau", entgegnete die Schwester, „wie soll ich all dies schaffen, da ich nicht einmal die genaue Größe kenne?"
    Gib mir das Franziskanerzingulum, das du um die Hüfte trägst, sagte die Jungfrau.
    In diesem Moment, nachdem die drei Erzengel Michael, Gabriel und Raphael erschienen waren und sich hochgradig ehrfürchtig gegenüber der Heiligen Mutter gezeigt hatten, nahm diese selbst das Zingulum und hielt ein Ende an ihre Stirn und bat Mutter Mariana das andere Ende an ihre Füße zu halten. Und obwohl das Zingulum zuerst viel zu kurz war, wurde es auf wundersame Weise verlängert und maß nun die genaue Länge der Jungfrau.

Nun hast du, meine liebe Tochter, die genaue Größe deiner himmlischen Mutter; gib sie meinem Diener, Francisco del Castillo und beschreibe ihm mein Aussehen und zeichne es ihm auf: er wird auf wunderbare Weise meine Statue errichten, da er eine große Begabung hat und schon vorher Werke für Gott und seine Kirche erarbeitet hat. Kein anderer ist würdig dieser Aufgabe. Und du für deinen Teil, hilf ihm mit deinem Gebet und deiner Buße.

Voller Freude nahm die Schwester die zuvor entstandene Reliquie entgegen und trug sie bis ans Ende ihres Lebens.

Die Forderungen der Jungfrau

In einer folgenden Erscheinung beharrte unsere Liebe Frau vom guten Erfolg erneut darauf, dass Mutter Mariana die Statue errichten lassen solle und tadelte sie für die Verzögerung.

Um sie zu überzeugen, prophezeite sie der Schwester die Zukunft Ecuadors, des Bischofs, und andere Begebenheiten (die sich nun erfüllt haben); einige davon waren z.B. die Verkündigung des Dogmas der Unfehlbarkeit des Papstes und das der Unbefleckten Empfängnis.

Meine liebe Tochter, wieso ist dein Herz so versteinert? Wie viele Verbrechen, die nicht aufgedeckt wurden, sind in diesem Land und in den angrenzenden Ländern verübt worden? Es war genau aus diesem Grund, weswegen dieses Konvent an eben diesem Ort errichtet wurde, um Gott zu besänftigen, da er hier immer nur unerkannt blieb oder gar beleidigt wurde; und aus dieser Motivation heraus wird der Teufel, der Feind Gottes und der Gerechtigkeit, heute und in den folgenden Jahrhunderten versuchen mit durchtriebener Boshaftigkeit diesen Konvent zu zerstören.[3]

Am heutigen Tage, wenn die Sonne aufgeht, wirst du zum Bischof gehen und ihm berichten, dass ich angeordnet habe, dass meine Statue im vorderen Bereich des Konvents aufgestellt werden solle und unter dem Namen angerufen werde, der mir unter so vielen zusteht – Maria, Mutter vom guten Erfolg. Und als Zeichen der Wahrhaftigkeit meiner Worte sage ihm, dass er von heute an nur noch zwei Jahre und zwei Monate leben wird. Er wird Zeit haben sich auf die Ewigkeit und auf einen gewaltsamen Tod vorzubereiten.[4]

Der Bischof

Nach großem Zögern sprach Mutter Mariana schließlich mit Seiner Exzellenz Salvador de Ribera. Der Bischof willigte unverzüglich ein:

Mutter, wieso habt Ihr mich nicht früher konsultiert? Es ist Gott selbst, der diese Aufgabe angeordnet hat und wir dürfen nicht zögern seinen Ruf und seine Stimme zu hören. Es ist seine Entscheidung, was er in seiner Schöpfung als angemessen ansieht.

Die Statue

Francisco del Castillo bezeichnete sich selbst als unwürdig, der Schöpfer einer solch bedeutenden Statue zu sein und wies darauf hin, dass er seine Arbeit so präzise und aufmerksam wie nur irgend möglich machen würde. Als er nach dem Preis für diese Arbeit gefragt wurde entgegnete er, dass er keinerlei Vergütung für diese Statue erheben wolle, da es schon Bezahlung genug sei, auserwählt zu sein für eine solch große Aufgabe. Er ging sogleich zur heiligen Beichte, empfing die Heilige Kommunion und begann am 15. September 1610 seine eifrige Arbeit.

Er arbeitete Tag ein Tag aus und stets unter der Anleitung der Mutter Mariana von Jesus Torres. Die Nonnen des Konvents waren entzückt, wenn sie ihn arbeiten sahen. Als jedoch nur noch einige letzte Schliffe getan werden mussten bemerkte er, obwohl die Arbeit recht zufriedenstellend war, dass sie in keinster Weise dem Erscheinungsbild ähnelte, welches die Schwester dargestellt hatte. Sogleich begab er sich auf eine Reise, um die besten Farben und Lacke zu kaufen, um seine Arbeit zu beenden. Als er aber mit all den ganzen Farben wiederkam, fand er zu seiner großen Verwunderung die Statue schon vollendet vor. Daraufhin fiel er auf die Knie und rief aus:

„Ehrwürdige Mutter, was ist es, was ich sehe? Diese ausgezeichnete Statue ist nicht das Werk meiner Hände. Ich kann nicht ausdrücken, was mein Herz verspürt, aber dies muss eine Arbeit der Engel sein, weil keine Hand der Erde, erst recht keine so alte wie meine, in der Lage wäre eine solch wunderschöne Figur zu gestalten. Oh, nein! Kein Bildhauer, ganz gleich wie fähig er ist, wäre in der Lage eine Imitation dieser Statue mit einer solchen Schönheit zu erarbeiten." Umgehend eilte er zum Bischof und legte einen schriftlichen Eid darüber ab, dass die Statue nicht seine Arbeit gewesen sei und, dass er sie so aufgefunden hätte, mit beträchtlichen Veränderungen im Gegensatz zu dem, wie er sie sechs Tage zuvor verlassen hatte.

Die Engel

Aber was war passiert in der Zeit, in der der Bildhauer auf seiner Reise war? Wer hat ein solch außergewöhnliches Wunder gewirkt? Mutter Mariana beschreibt das Ereignis wie folgt:

Während des gemeinsamen Gebetes am Abend des 15. Tages (im Januar 1611) prophezeite mir Gott, dass ich im Morgengrauen des 16. Tages Zeuge davon werden würde, wie er selbst Gnade über den Konvent und die gesamte Nation walten lassen wird. Er trug mir auf, mich auf dieses großartige Geschenk mit Buße und nächtlichem Gebet vorzubereiten. So tat ich es. Die Erzengel Michael, Gabriel und Raphael erschienen vor dem Thron der Himmelskönigin. Der Heilige Michael verneigte sich tief vor ihr und sprach mit demütiger Stimme: „Allerheiligste Maria, Tochter des Gottvaters." Der Heilige Gabriel sprach: „Allerheiligste Maria, Mutter des Sohnes Gottes", und der Heilige Raphael schloss mit den Worten: „Allerheiligste Maria, makellose Ehefrau des Heiligen Geistes." Daraufhin riefen sie die himmlischen Herrscharen herbei und alle sangen zusammen: „Heiligste Maria, Heiligster Tempel der Heiligen Dreifaltigkeit."

Himmlische Hände

Mutter Mariana fuhr fort:
In dieser Erscheinung sah ich den Heiligen Franz von Assisi, der, begleitet von drei Erzengeln und nachfolgend die himmlischen Herrscharen, die unfertige Statue erreichte und sie in einem Augenblick umarbeitete. Er gab ihr eine unvergleichbare Schönheit, die keine menschliche Hand je hätte formen können.

Sodann wurde Schwester Mariana Zeugin davon, wie die Farbe, die Francisco del Castillo aufgetragen hatte, herunterfloss und sich mit einem Male das Aussehen der Statue änderte und glättete und ihre Haltung himmlischer wurde. Die Jungfrau war von einem Glanz umgeben, so als ob sie in Mitten der Sonne stehen würde. Vom Himmel aus schaute die Heilige Dreifaltigkeit zu und war sehr erfreut darüber, was sich dort in diesem Moment ereignete und die Engel sangen fortgehend ihre Lieder. Inmitten all dieser Ereignisse stand die Jungfrau Maria selbst, wie die Strahlen der Sonne und funkelnd wie Kristalle und schien mit der Statue zu verschmelzen, die wiederum zu leben schien. Sie glänzte daraufhin und mit himmlischen Klängen sang sie selbst das Magnificat. Die Engel sangen den Hymnus Salve Sancta Parens. All dies ereignete sich um drei Uhr in der Früh.

Am Morgen desselben Tages hörten die Schwestern engelhaften Gesang und erblickten das Kloster in einem vollkommen erleuchtenden Schein. Und als sie die Statue sahen, wussten sie, dass fremde Hände, eine andere Macht, dieses Wunder vollbracht haben musste.

Die Marquise

Dennoch war es immer noch nötig die Ornamente, die die Heiligste Jungfrau angegeben hatte, bereitzustellen und sie abschließend in die Hände der Statue zu geben. Sogleich wurden die Schlüssel des Klosters aus Silber angefertigt. Das Domkapitel sorgte sich um die Krone aus Gold und die Marquise Maria de Solanda, eine Verwandte des Königs von Spanien, schenkte den Bischofsstab. Als die Marquise gefragt wurde, ob sie den Bischofsstab stiften wolle, zeigte sie sich erkenntlich und schrieb Schwester Mariana folgende Zeilen: „Mutter, ich wäre sehr aufgebracht gewesen, wenn Ihr nicht an mich gedacht hättet. Ich danke Euch für Eure Aufmerksamkeit und Zuneigung und erlaube mir zu sagen, dass ich absolut niemandem anderen sonst erlaubt hätte unserer himmlischen Frau diesen Bischofsstab zu schenken. Ich werde euch helfen sowohl mit dem Material als auch mit der Arbeit. Ich kann mir dies leisten und selbst wenn ich es nicht könnte, ich würde meinen ganzen Besitz verkaufen, um diese Arbeit möglich zu machen. Bitte sagt mir nur, wie Ihr den Stab wünscht und es wird geschehen. Ich werde mich um alles andere kümmern."

Die Konsekration

Um die Forderungen, die die himmlische Königin verlangt hatte, vollendst zu erfüllen, weihte Bischof Ribuera die Statue am 2.Februar 1611 ein und taufte sie auf den Namen „Mutter vom guten Erfolg der Reinigung oder Lichtmess". Zuvor wurde eine Novene mit demselben glorreichen Namen verfasst und auf den Tag der Konsekration hin gebetet. Nachdem die Statue mit dem heiligen Öl gesalbt worden war, wie man es auch mit einer Kirche oder einem Schrein vollzieht, gab der Bischof den Bischofsstab und die Schlüssel in die rechte Hand der Statue und übergab somit den gesamten Konvent der Heiligen Maria, die von da an in diesem wohnte und sie mit mütterlichem und lieblichem Schutz umgab. Demnach wurde das erfüllt, was unsere Liebe Frau der Mutter Mariana versprochen hatte: **Dann, in diesem Moment, werde ich vollen Besitz über dieses Haus nehmen und ich werde es beschützen von Leid und es befreien vor allen Gefahren und Missbräuchen bis ans Ende der Zeit, wobei ich von meinen Töchtern stets einen**

„Ich kann nicht mehr für euch tun, als meine Liebe zu zeigen."
Der Schlacht in Pichincha fand am 24. Mai 1822 statt, in dem 600 Männer ihr Leben gaben, 330 Männer verwundet und 260 spanische Soldaten gefangen genommen wurden,. Unsere Frau des Guten Rates prophezeite, dass sich Ecuador von Spanien trennen und eine Republik werden würde. Das Jesuskind erschien beinahe 200 Jahre bevor dieser ausschlaggebende Krieg stattfand.

Geist der Barmherzigkeit und der Aufopferung erwarte und verlange.

Das Jesuskind von Pichincha

Im Jahre 1628 sprach unsere Liebe Frau vom guten Erfolg zu Schwester Mariana:

Erhebe deine Augen und schaue in Richtung des Berges Pichincha, wo mein geliebter Sohn, den ich auf meinem Arm halte, gekreuzigt werden wird: ich werde ihn mit dem Kreuz darstellen, damit er diesem Land, welches besonders gesegnet werden wird, wenn ich im ganzen Land verkündigt worden bin und mit diesem Titel verehrt werde.

Auf dem Berg Pichincha erschien der göttliche Sohn, etwa 12 Jahre alt und mit einem wunderschönen Gesicht, weiß und rötlich, und warf sich selbst nieder auf den Boden und betete zu seinem Vater:

Mein Vater und ewiger Gott, schaue gnädig auf dieses kleine Stückchen Land, welches du mir heute gegeben hast: ich bitte dich, dass mein liebendes und gütiges Herz und das meiner Mutter, vereint als Eines, über dieses Land regieren möge.

Nachdem er dies gesagt hatte, umarmte das kleine Kind das Kreuz, weinte und wurde an ihm gekreuzigt. Seine Tränen aber wurden von den Erzengeln, dem Heiligen Michael, Gabriel und Raphael aufgefangen und sie verteilten diese über das gesamte Land.

Der Blick des Jünglings Jesu weilte auf ganz Ecuador und während er weinte, sprach er:

Ich kann nicht mehr für euch tun, als meine Liebe zu zeigen.

Opfer für unsere Zeit

Das Leben der Dienerin Gottes, der Mutter Mariana, war erfüllt von regelmäßigen Offenbarungen, Eingriffen und Wundern. Unser Herrgott enthielt ihr nichts vor, was ihr hätte helfen können, um eine wahre Reinigung und Perfektion zu erhalten, seitdem sie zu dieser außergewöhnlichen Berufung, ein sühnendes Opfer für die Sünden der Welt, im Speziellen für die Bewohner Ecuadors zu sein, auserwählt worden war. Der göttliche Schöpfer offenbarte ihr, dass sie vom Teufel in Versuchung geführt werden würde, der sich immer wieder in Form einer Schlange zeigte, die um sie herumschlich, Tag und Nacht. Der Ruf ihrer Heiligkeit ging in ganz Quito umher und viele Einwohner kamen zusammen, nannten sie **kleine Mutter** und baten sie um einige übernatürliche Geschenke. Ihr Name gewann an großer Berühmtheit und die Töchter dieser Zeit wurden auf ihren Namen getauft.

Eine von ihnen war die kleine Heilige Mariana von Jesus Paredes, die zur selben Zeit wie Mutter Mariana geboren worden war und die auch später an der Beerdigung der heiligen Gründerin teilnahm. Mitten in der trauervollen Zeremonie rief sie mir lauter Stimme aus: **Eine Heilige ist gestorben!** Während ihres Lebens erwarb Schwester Mariana von Jesus Torres die Gnaden der Bilokation und des Schwebens; sie heilte Kranke, söhnte Familien aus und bekehrte Menschen. Aber ohne jeden Zweifel war das wichtigste aller Dinge ihre Gnade der Erscheinungen und ihre Beziehung zu Unserer Mutter des Guten Rates.

Die Offenbarung

Die Offenbarungen, die ihr zuteilwurden, insbesondere die, die Prophezeiungen unserer Zeit betreffen, sind aufgrund ihrer Genauigkeit und detaillierten Beschreibung sehr beeindruckend. Unter all diesen Offenbarungen, die die Schwester Mariana dem Bischof von Quito mitteilte, sind einige, die unsere Zeit betreffen. So z.B., dass ihre Visionen und ihr Leben vom Beginn des 20. Jahrhunderts an bekannt sein würden, um den Seelen in dieser Zeit zu helfen, in der ein **übergroßer Abfall vom Glauben stattfinden würde.**

Es ist Gottes Wille, dass dieser Titel und dein Leben für dieses Jahrhundert einbehalten werden, in dem eine Verirrung des Glaubens auf der ganzen Welt sein wird und die kostbare Flamme des Glaubens zu erlöschen droht.[6]

Am 8. Dezember 1634 prophezeite die Königin des Himmels und der Erde:

Der tröstende Titel vom guten Erfolg [...] wird eine Unterstützung und Beistand des Glaubens sein, inmitten einer völligen Verirrung des 20. Jahrhunderts.

Schon erfüllte Prophezeiungen

Die Allerheiligste Jungfrau zeigte in ihren Prophezeiungen auch die gesamte Geschichte Ecuadors auf, von seinem Beginn bis hin in die Zukunft. Eine Untersuchung der Verwirklichung der Prophezeiungen, insbesondere der Art der Verwirklichung, ist eine gute Methode um die Glaubwürdigkeit, auch über mehrere Jahrhunderte zu sichern. Im Fall der Schwester Mariana von Jesus Torres haben sich die meisten der Vorhersagen unsere Lieben Frau schon in der vergangenen Zeit erfüllt.

Die Unabhängigkeit Ecuadors

Während der Erscheinung am 16. Januar 1599 sagte Unsere Frau folgendes zu Schwester Mariana.

Das Land, in dem du lebst wird aufhören eine Kolonie zu sein und wird zu einer freien Republik werden. Dann wird diese Republik Ecuador genannt werden und heroische Seelen benötigen, um inmitten zahlreicher staatlichen Problemen und privaten Elends zu bestehen.

Diese Prophezeiung wurde 200 Jahre später erfüllt.

Das Bild, das der christliche Staatslenker Garcia Moreno für die Weihe Ecuadors an das Heiligste Herzen Jesu im Jahr 1873 entworfen hat. Moreno wurde im Jahre 1875 ermordet. Pater Mateo Crawley, Gründer der Thronerhebung des Heiligsten Herzens in den Familien, übernahm dieses Bild als Banner für seinen weltweiten Kreuzzug für die gesellschaftliche Herrschaft des Heiligsten Herzens. Er predigte diesen Kreuzzug 50 Jahre lang.

Die Weihe Ecuadors an das Heiligste Herzen Jesu

In derselben Erscheinung sagte Unsere Liebe Frau:

Im 19. Jahrhundert wird es einen wahrhaft katholischen Politiker geben, ein Mann mit starker Persönlichkeit, dem unser Herrgott die Palme des Martyriums geben wird. Und dies an derselben Stelle, an der dieser Konvent steht. Er wird die Republik dem Allerheiligsten Herzen meines geliebten Sohnes weihen und diese Weihe wird den katholischen Glauben in den darauffolgenden schweren Jahren für die Kirche aufrechterhalten.

Am 25. März 1874 wurde Ecuador von dem heroischen Präsidenten Gabriel Garcia Moreno, als erster Staat, dem Heiligsten Herzen Jesu geweiht. Im darauffolgenden Jahr, am 6. August 1875, starb dieser, ermordet von den Feinden des Glaubens, auf demselben Platz der Unabhängigkeit, auf dem das Kloster der Unbefleckten Empfängnis steht. Seine letzten Worte bevor er starb waren: **Gott stirbt nie!**

Verkündigung des Dogmas der Unbefleckten Empfängnis und der Aufnahme Mariens in den Himmel
In der Erscheinung am 2. Februar 1634 gab Unsere Mutter vom guten Erfolg das Jesuskind in die Arme der Mutter Mariana. Das Kind offenbarte ihr:

Das Dogma der Unbefleckten Empfängnis meiner Mutter wird dann verkündet, wenn die Kirche angegriffen werden wird und mein Stellvertreter sich als Gefangener ansehen muss; zudem auch das Dogma ihres Todes und leiblichen Aufnahme in den Himmel, nach der Zeit, in der die Kirche ein wahres Blutbad erlitten haben wird.

Am 8. Dezember 1854 verkündete Papst Pius IX., inmitten einer schrecklichen Verfolgung der Kirche, das Dogma der Unbefleckten Empfängnis; ein Jahrhundert später, am 15. August 1950, nachdem der Zweite Weltkrieg vorüber war, verkündete Papst Pius XII. die leibliche Aufnahme Mariens in den Himmel.

Kanonisierung der Mutter Beatrice de Silva

In ihrem geistlichen Vermächtnis sprach Schwester Mariana von Jesus Torres zu ihren Töchtern über die Verbindung mit dem Franziskanerorden:

Wer auch immer behaupten sollte, dass Franz [von Assisi] und Beatrice [die Gründerin des Ordens] zu trennen seien, kann nicht den Anspruch darauf erheben ein wahres Mitglied des wirklichen Franziskanerordens zu sein. Daher wird weder der Heilige Gründer Franziskus noch die Heilige Beatrice diese als eine ihrer Töchter annehmen. Beatrice wird im 20. Jahrhundert zu einer Heiligen ernannt werden.[7]

Und so geschah es: Die Heilige Beatrice de Silva wurde während des Pontifikats Pauls VI. am 31. Oktober 1976 kanonisiert. 500 Jahre nach ihrem Tod.

Prophezeiungen, die derzeit erfüllt werden oder noch zu erfüllen sind

Um die antreibende Kraft der katastrophalen Krise des Glaubens und der Moral im 19. und 20. Jahrhundert, welche sie beschreibt, aufzuzeigen, erwähnt Unsere Frau vom guten Erfolg die allgemeinen Häresien und die Sekten. Diese Häresien und Sekten werden die Kraft haben ihre Krallen in die Heime auszufahren, indem sie mit ihrer verderblichen Lehre alle Felder der menschlichen Aktivität verschmutzen

Die Verdorbenheit der Kinder

[...] In dieser Kolonie, die später die Republik Ecuador sein wird, wird eine enorme Leidenschaft ausbrechen und eine ungeheure Verdorbenheit der Tugend stattfinden und der Teufel wird nahezu überall regieren, unter dem Deckmantel der Freimaurerei. Diese Sekte wird sich vorrangig auf die Kinder konzentrieren, um seine Irrlehren weiter zu verbreiten[...] Wehe diesen Kindern in dieser Zeit! Es wird schwer sein für diese das Sakrament der Taufe oder auch das der Firmung zu erhalten. Sie werden das Sakrament der Firmung nur empfangen, wenn sie in katholischen Schulen unterrichtet werden. Der Teufel allerdings wird versuchen diese Schulen zu zerstören, indem er seine Personen in die autoritären Positionen setzt[...]

[...] Die Sekte, nachdem sie Kontrolle in jeder sozialen Schicht übernommen haben wird, wird Einzug halten in vielen Häusern und die Kinder dort werden verloren gehen, während der Teufel sich prahlend mit den exquisiten, delikaten Seelen dieser Kinder füttern wird[...]

Während dieser tragischen Zeit wird kaum jemand einen schuldlose Kindheit haben und deswegen wird es einen Mangel an Priesterberufen geben, welcher ein großes Elend in der Kirche hervorbringen wird[...][8]

Eine weite Verunreinigung

[...] Die Atemluft wird durchtränkt sein mit dem Geist der Unreinheit, der, gleichsam einem schmutzigen Ozean, die Straßen überschwemmen wird, die Plätze und öffentlichen Anlagen mit einer überraschenden Freiheit und dies in einem solchen Maße, dass es keine einzige jungfräuliche Seele mehr auf Erden geben wird.[9]

Profanisierung der Sakramente

Es schmerzt mich sehr dir sagen zu müssen, dass in naher Zukunft viele öffentliche Sakrilege verübt werden, insbesondere auch solche, die die Allerheiligste Eucharistie betreffen! [...] Mein Allerheiligster Sohn wird auf den Boden geworfen werden und mit dreckigen Füßen getreten werden!

Zudem werden die heiligen Orden verspottet, unterjocht und verachtet werden. Und schon immer wenn jemand die Kirche Gottes verachtet oder verspottet hat, hat er gleichsam Gott selbst dies angetan, der von seinen Priestern auf Erden stellvertreten wird. Im Folgenden wird der Teufel immerzu versuchen die Diener Gottes zu verfolgen und sie mit grausamer und geschickter List davon abhalten, ihrer Berufung nachzukommen. Dieser offenbare Triumph Satans wird enorme Leiden auf die guten Bischöfe und auf den großen Teil der guten Priester bringen.

Was das Sakrament der Ehe angeht, welches die Verbindung Christi mit seiner Kirche symbolisiert, wird dieses stark angegriffen und profaniert werden, im wahrsten Sinne des Wortes. Die Freimaurerei, welche dann eine starke Macht sein wird, wird Gesetze erlassen, die die Sakramente verdrängen, es einfach machen für jeden Menschen in Sünde zu leben und die Menschen dazu ermuntern, uneheliche Kinder zu zeugen und diese nicht taufen zu lassen[...] Während dieser Zeit, in der der christliche Glaube in diesem Land immer mehr und mehr schwinden wird, wird

„Betet immerzu [...] dass mein Allerheiligster Sohn [...] Mitleid mit seinen Dienern habe und dieser schlimmen Zeit ein Ende setzen möge, indem er seiner Kirche einen Prälat schenke, der die Kirche und den Geist seiner Priester wieder aufbaue."
Erzbischof Marcel Lefebvre bezog sich direkt auf diese Prophezeiung während seiner Predigt zur Konsekration von vier Bischöfen für die Priesterbruderschaft St. Pius X. am 30. Juni 1988.

auch selbst das Sakrament der Letzten Ölung verachtet werden. Viele Menschen werden ohne dieses sterben aufgrund der Unaufmerksamkeit ihrer Familien oder ihrer falschen Sentimentalität gegenüber ihren erkrankten oder sterbenden Verwandten.[10]

Ein Priester wird das Priestertum wieder aufbauen

Priester werden ihre heiligen Pflichten aufgeben und den Pfad verlassen, den Gott ihnen geebnet hat. Daraufhin wird die Kirche durch eine Krise von Priesterberufungen gehen müssen und nur ein Priester wird überall dies hinwegsehen mit Liebe, Güte, Strenge und Klugheit. Eine große Zahl an Priestern wird den Geist Gottes verlieren, wodurch sie ihre Seelen in große Gefahr begeben. Betet immerzu [...] dass mein Allerheiligster Sohn [...] Mitleid mit seinen Dienern habe und dieser schlimmen Zeit ein Ende setzen möge, indem er seiner Kirche einen Prälat schenke, der die Kirche und den Geist seiner Priester wieder aufbaue.

Diesem geliebten Sohn, den mein göttlicher Sohn und ich mit Vorzug lieben werden, werden wir die große Gnade der Demut geben, die Fügung gegenüber vielfältigen Eingebungen, die Strenge, um die Rechte der Kirche zu bewahren und ein Herz, welches, wie ein neuer Christus, die Macht über die Mächtigen und die Armen erhalten wird, ohne ihrer letztes Schicksale zu gedenken. Mit einer überglücklichen Güte wird er viele geweihte Seelen zum Dienst am Altar Gottes führen und in religiöse Häusers vereinen, ohne dass ihnen aber die Aufgabe unnötig zu erschweren. Er wird in seinen Händen den Maßstab für die Heiligkeit aller Dinge halten, der nötig ist, um Gott in angemessener Weise zu verehren. Dieser Prälat und Priester wird als Ausgleich für all die Oberflächlichkeit der konsekrierten Priester und der Religion agieren.[11]

Die Ursache und letzte Lösung für die Krise innerhalb der Kirche

Zerstörerische Zeiten werden unerwartet eintreffen, in denen selbst diese, die an die Rechte der Kirche gebunden sind und diese verteidigen sollten, durch Verdunkelung ihrer deutlichen Visionen, ohne Anzeichen von Pflichtbewusstsein oder menschlicher Angst, ihre Hand ausstrecken werden gegenüber den Feinden der Kirche, um das zu tun, was der Letzte von ihnen verlangt. Aber leider wird der weiseste Mann (Papst), der die Kirche leiten soll und den mein Allerheiligster Sohn als Hirte über seine Schafe eingesetzt hat und ihm diese anvertraut hat, abwesend sein! Aber sobald sie triumphierend erscheinen werden und wenn die Autorität ihre eigene Kraft für die Ungerechtigkeit einsetzt und die Schwachen unterdrückt, dann ist der Ruin nahe. Sie werden niederfallen in den Staub!

Und fröhlich und triumphierend wie ein kleines, zärtliches Kind, wird die Kirche neu erscheinen und friedlich ruhen im liebevollen Blick meines auserwählten Sohnes, der dann überaus groß geliebt werden wird und dem alle Anliegen der Gnaden übereignet werden – eine davon wird sein, dass man liest, was für überaus große Gnaden ich und mein Allerheiligster Sohn dir hier offenbaren – wir werden ihn erfüllen mit auserwählten Gnaden und Geschenken, wir werden ihn groß machen auf Erden und noch größer im Himmel, in dem wir ihm bereits einen kostbaren Sitz bestimmt haben; denn ohne irgendein Anzeichen von menschlicher Angst wird er einstehen und kämpfen für die Wahrheit und ohne Unterlass wird er die Rechte der Kirche verteidigen; für all dies können wir ihn zurecht einen Märtyrer nennen.[12]

Der Triumph der Kirche

Wenn alles verloren zu sein scheint, dann wird die Zeit des Triumphes der Kirche beginnen.

Nachdem die Allerheiligste Jungfrau vom guten Erfolg besonders eindrucksvoll die Katastrophen der Kirche und der christlichen Gesellschaft prophezeit hatte, offenbarte sie am Ende den vollständigen Sieg.

[...] Die kleine Anzahl der Seelen, die den Schatz des Glaubens und der Tapferkeit heben, werden Grausames und Schreckliches erleiden, gleichwie ein ausgedehntes Martyrium[...].

[...] Für die Befreiung von der Sklaverei der schrecklichen Häresien werden diejenigen, die mein Allerheiligster Sohn auserwählt hat, großen Mut und Willen, Beständigkeit, Tapferkeit und tiefstes Vertrauen zu Gott beweisen müssen. Um all diese Eigenschaften zu testen, werden immer wieder Zeiten der Prüfung kommen, in denen alles verloren und erstarrt zu sein scheint. Und dann wird ein erfreuter Beginn des vollkommenen Wiederaufbaus eintreten!

Dort wird ein großer und schrecklicher Krieg sein, in dem das Blut von Landsmännern und Fremden fließen wird, von weltlichen und richtigen Priestern, aber auch das von Gläubigen. Diese Nacht wird die schrecklichste von allen werden, seitdem der Teufel über die Menschheit gesiegt hat. Und dann wird die Zeit kommen, in der ich auf wundersame Weise den

Stolz und den verfluchten Satan stürzen werde, ihn unter meine Ferse drücken und ihn im höllischen Abgrund begraben werde und die Kirche und das gesamte Land von allen Tyrannen befreien werde.[13]

Das Wunder des Jahres 1941

Die Statue unserer Frau vom guten Erfolg hat den Konvent der Unbefleckten Empfängnis in Quito durch die Jahrhunderte hindurch beschützt und war der Unterpfand für die landesweiten Gnaden, die das Land Ecuador und seine Einwohner behütet haben.

[...] Diese Ergebenheit wird gleichsam einer leuchtenden Fackel sein zwischen der göttlichen Gerechtigkeit und der Welt, die die Wahrheit immerzu verdreht, und sie wird das Land davor schützen, um nicht mit dem tödlichen Gift, welches diese schuldvolle Welt verdient hat, übergossen zu werden [...].[14]

Damit die wundersame Statue auf der ganzen Welt bekannt werde, wirkte die Allerheiligste Jungfrau das größte Wunder, was je in Ecuador geschah, im 20. Jahrhundert.

Im Jahre 1941 fiel Peru in das Land Ecuador ein. Aufgrund dieser alarmierenden Umstände ordnete der Erzbischof von Quito an, das folgende Triduum zu Ehren des Titels der Allerheiligsten Jungfrau aufzuopfern und ließ dies in allen Kirchen in Quito geschehen, um das Ende der Feindschaften zu erflehen. Am 25. Juli begann dann in allen Kirchen der Unbefleckten Empfängnis in Quito das heilige Triduum zu Ehren Unserer Frau vom guten Erfolg. Drei Tage später bewegte die Statue Unserer Frau des Guten Rates vom Morgen des Sonntags des 27. Juli 1941 bis zum Morgen des 28. Juli, also 20 Stunden lang, ihre Augen. Ihre Augen wechselten zudem immer wieder ihre Farbe von einem rötlichen Ton bis hin zu einem weißlich, bräunlichen Ton. Außerdem wurde die Statue von Nebel

Das wundersame Geschehen der Augen der Statue Unserer Frau vom guten Erfolg, die das Ende der Feindseligkeiten zwischen Ecuador und Peru bedeuteten, machten nationale Schlagzeilen im Jahre 1941. Das Wunder wurde von mehr als 30000 Menschen bezeugt.

umgeben. Als dieser plötzlich verschwand, erschien die Statue umgeben von einem übernatürlichen Glanz. Die Augen der Statue, die gewöhnlich nach unten blickten, erhoben sich immer weiter in Richtung Himmel und schienen am Ende in einer Haltung des Flehens zu erstarren; dann senkten sie sich wieder, blickten nieder auf die Gläubigen, bevor sie dann wieder in ihre natürliche Haltung zurückkehrten.

Als die Zeitungen davon berichteten, strömten tausende Gläubige in die Kirche, um das Wunder zu sehen und verdrängten alle internationalen Feindseligkeiten. Der mütterliche Blick des Bildnisses wurde von mehr als Dreißigtausend Menschen gesehen. Am Abend desselben Tages des 27. Juli, verkündeten die Zeitungen das Ende der Feindseligkeiten mit Peru. Die Zeitungen im ganzen Land waren daraufhin am nächsten Tag voll von der wundersamen Begebenheit.

Últimas Noticias:	28. Juli 1941
El Telégrafo:	28. Juli 1941
El Universo:	28. Juli 1941
El Debate:	27., 28. und 29. Juli 1941
La Sociedad:	3. August 1941
La Voz Obrera:	10. August 1941
La Voz Católica de Loja:	5. und 12 Oktober 1941
El Comercio:	28. und 29. Juli 1941, 3 August 1941

Tod und Glorie

Es war am Morgen des 2. Februar 1634, als Mutter Mariana im Chorgestühl des Klosters betete und das Ewige Licht, welches neben dem Allerheiligsten Altarssakrament brannte, erlosch. Sie versuchte sofort es wieder zu entzünden, aber eine unbekannte Kraft verhinderte jegliche Bewegung. In diesem

Moment erschien Unsere Frau vom guten Erfolg, auf dieselbe Weise, wie sie es immer tat, mit dem göttlichen Kind auf ihrem linken Arm und dem Bischofsstab in der rechten Hand.

> Meine liebe, treue Tochter [...] ich bin gekommen, um dir die fröhliche Nachricht zu überbringen, dass du in den nächsten zehn Monaten und einigen Tagen mehr, deine Augen schließen wirst und die Dinge dieser materiellen Welt nicht mehr sehen wirst, um sie im hellen Glanze des Ewigen Lichtes wieder aufzutun. [...] Bereite deine Seele darauf vor, sodass du, gereinigter als du es jetzt schon bist, eintreten mögest in die unermessliche Freude unseres Herrn.

Und so geschah es. Die Gesundheit der Mutter Mariana begann sich zu verschlechtern, was sie aber nicht davon abhielt, ihren Pflichten im Konvent mit noch mehr Eifer als zuvor nachzugehen. Aber die Zeit kam, in der sie gezwungen war, im Bett zu liegen. Da sie den genauen Tag und die Stunde ihres Todes wusste, teilte sie diesen ihren geliebten Töchtern im Konvent mit: es war der 16. Januar 1635 um 15 Uhr desselben Tages. Sie war 72 Jahre alt. Um 13 Uhr des gesegneten Tages bat sie die Mutter Oberin die Gemeinschaft der Nonnen zu versammeln. Als diese alle zusammengekommen waren, verlautete Mutter Mariana mit lauter und deutlicher Stimme ihr Testament. Mit ihrer Stimme, zitternd vor Gefühlen, aber gestützt durch den Glauben und mit ganzer Aufrichtigkeit, wiederholte sie die Worte, die sie von ihrem geliebten Herrn vernommen hatte:

> Es ist nun meine Zeit zu gehen, aber ich werde euch, meine Schwestern, nicht als Waisen zurücklassen. Ich werde zu meinem Vater gehen und zu eurem Vater, zu meinem Gott und zu eurem Gott, und der göttliche Herrscher wird herabkommen, um euch zu trösten.[15]

Nachdem sie die letzte Ölung erhalten hatte, schloss sie langsam ihre Augen und vollendete ihren letzten Atemzug. Die Dienerin Gottes, Mariana von Jesus Torres, war nun bei Gott.

Seit 400 Jahren werden ihr Körper und die Körper aller anderen heiligen Gründerinnen des königlichen Konvents der Unbefleckten Empfängnis nun in unberührtem Zustand im Kloster aufbewahrt, wo sie darauf warten, am Ende der Zeit, wenn unser Herr Jesus Christus wiederkommen wird, zu den höchsten Ehren aufzusteigen.

Ihr Körper ist ein sichtbarer Beweis für den Auftrag, den sie von der Allerheiligsten Jungfrau erhalten hatte:

Du wirst der Sämann der Heiligkeit in diesem vulkanischen Land sein [...] und dein Name wird bekannt sein auf jedem Kontinent dieser Erde. Und du wirst zur Ehre der Altäre erhoben werden [...] und du wirst die allerhöchste Beschützerin dieses Landes sein, welches dem Herzen meines Allerheiligsten Sohnes geweiht ist.

Beinahe 350 Jahre später wurde die Statue Unserer Frau vom guten Erfolg mit der Erlaubnis des Heiligen Stuhls am 2. Februar 1991 kanonisch gekrönt.[16]

Fußnoten

1 2. Februar 1594
2 16. Januar 1599
3 16. Januar 1599
4 21. Januar 1610
5 „Seit gegrüßet, heilige Eltern
6 "8. Dezember 1634
7 16. Januar 1635
8 20. Januar 1610
9 2. Februar 1634
10 20. Januar 1610
11 2. Februar 1634
12 2. Februar 1634
13 2. Februar 1634
14 20. Januar 1610
15 Joh 16, 7; Joh 14, 18; Jn 20, 17
16 Cadena y Almeida, Mons. Dr. Luis E., Memorial de la Coronacion Canonica a la Sacrads Imagen de Maria Santissima del Buen Suceso – Im Andenken an die Kanonisierung des heiligen Bildnisses Unserer Frau vom guten Erfolg (Quito, Libreria Espiritual), S. 27-28

NOVENE

ZU UNSERER LIEBEN FRAU VOM GUTEN ERFOLG

VON P. JOSÉ M. URRATE, S.J.

Erster Tag

Akt der Reue

Ich glaube an Gott: vermehre, oh Herr, meinen Glauben. Ich hoffe auf Gott: stärke, oh Herr, meine Hoffnung. Ich liebe meinen Gott: entzünde, oh Herr, meine Liebe. Ich bereue es dich beleidigt zu haben, oh mein Gott: vertiefe, oh Herr, meine Reue. Ich verspreche, hoffend auf deine Gnade und auf die Hilfe und den Schutzes der Allerheiligsten Mutter des Guten Rates, dass ich nie wieder sündige. Hab Erbarmen und Mitleid mit mir, oh Herr. ℟. Amen.

Gebet für jeden Tag

O heiligste und unbefleckte Königin des Himmels, Heiligste Maria vom guten Erfolg, auserwählte Tochter des ewigen Vaters; geliebteste Mutter des göttlichen Sohnes; du Braut des Heiligen Geistes; du erhabener Thron der göttlichen Majestät; erhabener Tempel der Heiligsten Dreifaltigkeit; in welche die drei göttlichen Personen die Schätze ihrer Macht, Weisheit und Liebe gelegt haben!

Erinnere dich, oh Jungfrau Maria vom guten Erfolg, dass Gott dich als überaus großes Werk geschaffen hat, damit du den armen Sündern helfen mögest. Erinnere dich deiner vielen Versprechen, dich als liebende Mutter all denen zu zeigen, die ihre Zuflucht in dir suchen. An dich wende ich mich, oh gnadenreiche Mutter, erbitte mir durch die Liebe, mit der dich der Allerhöchste liebt, dass mir Gottvater, einen lebendigen Glauben schenken möge, durch den ich niemals die Sicht auf die ewigen Wahrheiten verliere. Von deinem Sohne erbitte mir die standhafte Hoffnung, dass ich immer danach strebe, die Glorie zu erreichen, die er durch sein Blut für mich erworben hat. Vom Heiligen Geist erbitte mir eine brennende Liebe, dass ich mein

ganzes Leben das höchste Gut und dich, oh Heiligste Jungfrau, liebe, bis ich, vertrauend auf deine Fürsprache, eingehe in die Liebe und Vereinigung mit ihm in alle Ewigkeit. ℟. Amen.

Huldigung an Maria

Da sie die geliebteste Tochter Gottvaters ist.
Gegrüßet seist du Maria...

Huldigung an Maria

Da sie die auserwählte Mutter des Gottessohnes ist.
Gegrüßet seist du Maria...

Huldigung an Maria

Da sie die Braut des Heiligen Geistes ist.
Gegrüßet seist du Maria...

Ehre sei dem Vater...

Erster Tag

Erinnere dich, wie überaus groß und unvergleichbar die Wunder unseres Allmächtigen Gottes sind, der die Schätze seiner Gnade bewahrt für die, die er erlöst hat. Daher sollten wir, wenn wir seinen überströmende Güte in unzähligen Gunsterweisen für uns, bewundern, noch mehr staunen und mit Dankbarkeit erfüllt werden gegenüber dem größten Segen seiner liebevollen Hand. Dieser Segen ist sein hervorragendstes und meistbegnadetstes Werk, welches die heiligste Jungfrau ist, die ein Zufluchtsort für alle jene ist, die ihr ganz besonders dienen und sie lieben aus ihrem tiefsten Herzen heraus. Die Jungfrau, die all die Kirchenväter und Söhne der Kirche inspiriert hat, bekam von eben diesen viele verschiedene Namen, durch welche sie verehrt und erhoben wurde; und dadurch dürfen wir die größten Gnaden ihrer Hilfe und ihres Schutzes empfangen, wie sie schon viele Verehrer der Mutter Gottes vor uns empfangen haben, im Besonderen durch die bedeutendste Statue des guten Erfolges, die nun in der Kirche des königlichen Hospitals in Madrid steht. Dieser Schatz ist so außergewöhnlich, angefangen bei seiner unvergleichbaren Wiederentdeckung in einer Wildnis, wo ihn niemand gesucht hatte, so wie es schon der Prophet Jesaia gesagt hat: „Ich werde mich von denen, die mich nicht gesucht haben, finden lassen und werde mich ganz und gar mit Liebe derer widmen, die weder den Sinn meiner Güte verstehen noch an meine Liebe glauben."

Durch diese wunderbare Entdeckung zeigte uns der Allerhöchste deutlich, dass seine Heilige Mutter mit dem Titel des guten Erfolges verehrt und erhöht werden soll.

Gebet

Oh grenzenlos gütiger Gott, der du uns durch die wunderbare Entdeckung der Statue, der Heiligen Maria, eine kraftvolles Mittel geschenkt hast, damit wir mit großem Vertrauen zu deinem gnädigen Schutz unsere Zuflucht in allen unseren Nöten nehmen können, gewähre uns deinen Beistand, damit wir mit Eifer und Vertrauen bitten, sodass wir Maria immer besser kennenlernen, ihr dienen und sie verehren. Auf ihre Fürsprache lass uns hier auf Erden die Heiligkeit erreichen und die ewige Glückseligkeit im Himmel. ℟. Amen.

Dank der Heiligen Jungfrau

Oh Allerheiligste Jungfrau, gepriesen unter allen Frauen, uns fehlen die Worte, um dir für deine unzähligen Geschenke und Gnaden, die wir aus deinen Händen empfangen durften, in angemessener Weise zu danken. Der Tag, an dem du in diese Welt geboren wurdest, kann zu Recht als Tag der Gnade, Rettung und des Trostes bezeichnet werden. Du bist die volle Ehre des menschlichen Geschlechts, die Freude des Paradieses,

Gottes geliebter Edelstein und die Rettung unserer Nation. Aufgrund welcher Verdienste bist du, o Allerheiligste Jungfrau vom guten Erfolg, unsere persönliche Mutter geworden? Möge Gott auf ewig gepriesen sein, da es dich uns zur Mutter gegeben hat. Sei gleichfalls gesegnet, oh Jungfrau Maria, da du dich gegenüber unseren Bitten trotz unserer Undankbarkeit immer gütig zeigst.

Sei uns gnädig, oh liebevolle Mutter, damit wir durch deine Statue Trost auf Erden erlangen und in ihr einen Ort der Zuflucht, der Hilfe und des Schutzes, sei es in unseren Nöten oder in den Nöten der ganzen Kirche, finden mögen. Sei uns gnädig und schütze uns vor Kriegen, Pest, Hunger, Bränden, Erdbeben und all den Strafen, die wir aufgrund unserer Vergehen verdient hätten. Bitte für die Heilige Kirche und ihr Oberhaupt. Erhöre das Flehen derer, die dich anrufen, du unsere Fürsprecherin und Mutter; auf dich setzen wir all unser Vertrauen. Zu dir haben wir unsere Zuflucht genommen und wir hoffen, dass du für uns Vergebung unserer Sünden bei deinem Sohn erbitten und uns durch deine Gnaden eine Standfestigkeit im Glauben bis zu unserem Tode schenken mögest. ℟. Amen.

Nun erhebe jeder sein Herz zu Gott, unserem Herrn, und bitte durch die Fürsprache der Allerheiligsten Mutter vom guten Erfolg um alles, was er wünscht.

Responsorien zu Ehren der Allerheiligsten Jungfrau

Oh Maria, Jungfrau und Mutter, die du die Welt stets mit überaus großen Gnaden entzückt hast!
Antwort: Hilf uns/mir, heilige Maria, die du unsere Mutter bist.

Kein anderes Geschöpf ist gleich dir dem Wort unseres Vaters gehorsam, der überaus große Dinge zu deinen Ehren vollbracht hat!
Hilf uns/mir, heilige Maria, die du unsere Mutter bist.

Du bist der wertvollste Tempel des Heiligen Geistes, der erhabenen Dreifaltigkeit, durch welche du mit allen Freuden erfüllt wurdest!
Hilf uns / mir, heilige Maria, die du unsere Mutter bist.

In dir wohnt die Reinheit der Engel und du zeigst Güte gegenüber den Niedergeschlagenen!
Hilf uns / mir, heilige Maria, die du unsere Mutter bist.

Die Christenheit ruft dich als ihre Königin an; der König der Könige setzte dich zu seiner Rechten!
Hilf uns / mir, heilige Maria, die du unsere Mutter bist.

Oh Mutter der Gnaden! Oh unsere Hoffnung! Du Hafen der Schiffbrüchigen und Meeresstern!
Hilf uns / mir, heilige Maria, die du unsere Mutter bist.

Du immerwährende ewige Pforte des Himmels, du Heil der Kranken, du Licht in der Finsternis!
Hilf uns / mir, heilige Maria, die du unsere Mutter bist.

Durch dich mögen wir die Gnade erlangen, an dem Ort der Heiligen Gott zu sehen, in welchem er lebt und regiert.
Hilf uns / mir, heilige Maria, die du unsere Mutter bist.

Leite unsere Schritte und begleite uns in unseren letzten Stunden, oh zärtliche und süße Maria!
Hilf uns / mir, heilige Maria, die du unsere Mutter bist.

Nimm an das innige Flehen unserer Lippen, die es nicht vermögen deine unergründliche Erhabenheit auszudrücken!
Hilf uns / mir, heilige Maria, die du unsere Mutter bist.

Antiphon

Oh Maria, du bist die Hilfe der Hilflosen, die Stärke der Gläubigen und der Trost der Betrübten; bitte für die Menschen, verteidige deine Priester, lege Fürsprache für alle Frauen ein, die sich Gott geweiht haben; mögen alle, die dein heiliges Andenken bewahren, die Kraft deiner Hilfe erfahren.
℣. Bitte für uns, oh Jungfrau vom guten Erfolg!
℟. Auf dass wir würdig werden der Verheißungen Christi.

Schlussgebet

Schenke uns Herr, unser Gott, so bitten wir inständig, dass wir, deine Diener uns immerwährender Gesundheit des Leibes und der Seele erfreuen dürfen und dass wir durch die Fürsprache der Heiligsten Maria, der immerwährenden Jungfrau, befreit werden von gegenwärtigen Übeln und in ewiger Freude frohlocken dürfen. Durch Christus, unseren Herrn. ℟. Amen.

Zweiter Tag

Akt der Reue

Ich glaube an Gott: vermehre, oh Herr, meinen Glauben. Ich hoffe auf Gott: stärke, oh Herr, meine Hoffnung. Ich liebe meinen Gott: entzünde, oh Herr, meine Liebe. Ich bereue es dich beleidigt zu haben, oh mein Gott: vertiefe, oh Herr, meine Reue. Ich verspreche, hoffend auf deine Gnade und auf die Hilfe und den Schutzes der Allerheiligsten Mutter des Guten Rates, dass ich nie wieder sündige. Hab Erbarmen und Mitleid mit mir, oh Herr. ℟. Amen.

Gebet für jeden Tag

O heiligste und unbefleckte Königin des Himmels, Heiligste Maria vom guten Erfolg, auserwählte Tochter des ewigen Vaters; geliebteste Mutter des göttlichen Sohnes; du Braut des Heiligen Geistes; du erhabener Thron der göttlichen Majestät; erhabener Tempel der Heiligsten Dreifaltigkeit; in welche die drei göttlichen Personen die Schätze ihrer Macht, Weisheit und Liebe gelegt haben!

Erinnere dich, oh Jungfrau Maria vom guten Erfolg, dass Gott dich als überaus großes Werk geschaffen hat, damit du den armen Sündern helfen mögest. Erinnere dich deiner vielen Versprechen, dich als liebende Mutter all denen zu zeigen, die ihre Zuflucht in dir suchen. An dich wende ich mich, oh gnadenreiche Mutter, erbitte mir durch die Liebe, mit der dich der Allerhöchste liebt, dass mir Gottvater, einen lebendigen Glauben schenken möge, durch den ich niemals die Sicht auf die ewigen Wahrheiten verliere. Von deinem Sohne erbitte mir die standhafte Hoffnung, dass ich immer danach strebe, die Glorie zu erreichen, die er durch sein Blut für mich erworben hat. Vom Heiligen Geist erbitte mir eine brennende Liebe, dass ich mein

ganzes Leben das höchste Gut und dich, oh Heiligste Jungfrau, liebe, bis ich, vertrauend auf deine Fürsprache, eingehe in die Liebe und Vereinigung mit ihm in alle Ewigkeit. ℟. Amen.

Huldigung an Maria

Da sie die geliebteste Tochter Gottvaters ist.
Gegrüßet seist du Maria...

Huldigung an Maria

Da sie die auserwählte Mutter des Gottessohnes ist.
Gegrüßet seist du Maria...

Huldigung an Maria

Da sie die Braut des Heiligen Geistes ist.
Gegrüßet seist du Maria...

Ehre sei dem Vater...

Zweiter Tag

Erinnere dich der erhabenen Fürsorge des Allerhöchsten; er hat gewollt, dass die Menschheit, unterstützt durch die Offenbarung eines verborgenen Schatzes, dem Bildnisses der Heiligsten Mutter, diese unter dem Namen der Mutter vom guten Erfolg verehrt. Als Bruder Bernardino de Obregón, der Gründer der „Congregatio Pauperum Infirmorum"(einer der Minderbrüderorden der Franziskaner), starb, wurde Gabriel de Fantanet dazu erwählt ihn zu ersetzen und sogleich eilte er, zusammen mit Guillermo Rigosa, mit einem Brief zum Papst, um eine offizielle Anerkennung des Ordens zu erbitten, die es den Mönchen erlaubte, den [grauen] Habit mit dem schwarzen Kreuz zu tragen, das Symbol der Kongregation.

Als sie jedoch die Grenze Kataloniens erreichten und durch die Stadt Traiguera gingen, die unter dem Einflussbereich Tortosas stand, brach ein ungeheurer Gewitter aus, das nicht nur Regen brachte, sondern gleichfalls Blitze und Donner. Insbesondere der Donner versetzte ihre Herzen immer wieder in Schrecken. In dieser schwierigen Situation erhoben sie ihr Gebet zu Gott und baten ihn, dass er ihnen einen Schutz senden möge, unter den sie sich stellen könnten, um sich auf den Tod vorzubereiten, weil der unerbittliche und andauernde Sturm ihnen keine Hoffnung gab, diesem Schicksal entfliehen zu können.

Aber die göttliche Gnade belohnte die Ausdauer und die Geduld, indem sie diese Not als ein Omen für eine glückliche Reise anordnete. Sie erblickten sogleich im hellen Schein eines Blitzes einige Felsen, nicht weit entfernt von der Straße, und dort wiederum eine Höhle, die so in den Felsen gemeißelt worden war, dass es wie eine sehr schöne Handwerksarbeit schien. Über der Höhle und in der Höhle selbst sahen sie einen unnatürlichen Schein und im selben Moment nahmen sie einen süßlichen Duft und ein himmlisches Aroma wahr, welches von keinem irdischen Duft übertroffen werden kann. Ihre Seelen waren zugleich mit einer solchen Freude erfüllt, sowie mit einem Gefühl der ehrfürchtigen Bewunderung, sodass sie einen innerlichen Drang verspürten, die Ursachen dieses Wunders zu ergründen.

Gebet

Oh Gott, herrlich in all deinen Werken, du wandelst stets jedes gefährliche und aussichtslose Ereignis in eine Gelegenheit deine Gnade zu zeigen um und wirkst selbst in verzweifelten Lagen deine Wunder, so wie du es mit den Brüdern während dieses schrecklichen Sturmes getan hast. Durch die Fürsprache der Königin vom guten Erfolg, gewähre uns die Tapferkeit, dass wir mit Geduld und mit Gebet in den Prüfungen, die du, oh Gott, uns schicken wollest, ausharren: denn du selbst wollest diese in Trost für unser Leben umwandeln und danach mögest du uns unsere ewige Belohnung im Himmel zuteilwerden lassen, in dem wir dich und die Heiligste Maria auf immer mit Gebeten preisen werden. ℟. Amen.

Dank der Heiligen Jungfrau

Oh Allerheiligste Jungfrau, gepriesen unter allen Frauen, uns fehlen die Worte, um dir für deine unzähligen Geschenke und Gnaden, die wir aus deinen Händen empfangen durften, in angemessener Weise zu danken. Der Tag, an dem du in diese Welt geboren wurdest, kann zu Recht als Tag der Gnade, Rettung und des Trostes bezeichnet werden. Du bist die volle Ehre des menschlichen Geschlechts, die Freude des Paradieses, Gottes geliebter Edelstein und die Rettung unserer Nation. Aufgrund welcher Verdienste bist du, o Allerheiligste Jungfrau vom guten Erfolg, unsere persönliche Mutter geworden? Möge Gott auf ewig gepriesen sein, da es dich uns zur Mutter gegeben hat. Sei gleichfalls gesegnet, oh Jungfrau Maria, da du dich gegenüber unseren Bitten trotz unserer Undankbarkeit immer gütig zeigst.

Sei uns gnädig, oh liebevolle Mutter, damit wir durch deine Statue Trost auf Erden erlangen und in ihr einen Ort der Zuflucht, der Hilfe und des Schutzes, sei es in unseren Nöten oder in den Nöten der ganzen Kirche, finden mögen. Sei uns gnädig und schütze uns vor Kriegen, Pest, Hunger, Bränden, Erdbeben und all den Strafen, die wir aufgrund unserer Vergehen verdient hätten. Bitte für die Heilige Kirche und ihr Oberhaupt. Erhöre das Flehen derer, die dich anrufen, du unsere Fürsprecherin und Mutter; auf dich setzen wir all unser Vertrauen. Zu dir haben wir unsere Zuflucht genommen und wir hoffen, dass du für uns Vergebung unserer Sünden bei deinem Sohn erbitten und uns durch deine Gnaden eine Standfestigkeit im Glauben bis zu unserem Tode schenken mögest. ℟. Amen.

Nun erhebe jeder sein Herz zu Gott, unserem Herrn, und bitte durch die Fürsprache der Allerheiligsten Mutter vom guten Erfolg um alles, was er wünscht.

Responsorien zu Ehren der Allerheiligsten Jungfrau

Oh Maria, Jungfrau und Mutter, die du die Welt stets mit überaus großen Gnaden entzückt hast!
Antwort: Hilf uns/mir, heilige Maria, die du unsere Mutter bist.

Kein anderes Geschöpf ist gleich dir dem Wort unseres Vaters gehorsam, der überaus große Dinge zu deinen Ehren vollbracht hat!
Hilf uns/mir, heilige Maria, die du unsere Mutter bist.

Du bist der wertvollste Tempel des Heiligen Geistes, der erhabenen Dreifaltigkeit, durch welche du mit allen Freuden erfüllt wurdest!
Hilf uns/mir, heilige Maria, die du unsere Mutter bist.

In dir wohnt die Reinheit der Engel und du zeigst Güte gegenüber den Niedergeschlagenen!
Hilf uns/mir, heilige Maria, die du unsere Mutter bist.

Die Christenheit ruft dich als ihre Königin an; der König der Könige setzte dich zu seiner Rechten!
Hilf uns/mir, heilige Maria, die du unsere Mutter bist.

Oh Mutter der Gnaden! Oh unsere Hoffnung! Du Hafen der Schiffbrüchigen und Meeresstern!
Hilf uns/mir, heilige Maria, die du unsere Mutter bist.

Du immerwährende ewige Pforte des Himmels, du Heil der Kranken, du Licht in der Finsternis!
Hilf uns/mir, heilige Maria, die du unsere Mutter bist.

Durch dich mögen wir die Gnade erlangen, an dem Ort der Heiligen Gott zu sehen, in welchem er lebt und regiert.
Hilf uns/mir, heilige Maria, die du unsere Mutter bist.

Leite unsere Schritte und begleite uns in unseren letzten Stunden, oh zärtliche und süße Maria!
Hilf uns/mir, heilige Maria, die du unsere Mutter bist.

Nimm an das innige Flehen unserer Lippen, die es nicht vermögen deine unergründliche Erhabenheit auszudrücken!
Hilf uns/mir, heilige Maria, die du unsere Mutter bist.

Antiphon

Oh Maria, du bist die Hilfe der Hilflosen, die Stärke der Gläubigen und der Trost der Betrübten; bitte für die Menschen, verteidige deine Priester, lege Fürsprache für alle Frauen ein, die sich Gott geweiht haben; mögen alle, die dein heiliges Andenken bewahren, die Kraft deiner Hilfe erfahren.
℣. Bitte für uns, oh Jungfrau vom guten Erfolg!
℟. Auf dass wir würdig werden der Verheißungen Christi.

Schlussgebet

Schenke uns Herr, unser Gott, so bitten wir inständig, dass wir, deine Diener uns immerwährender Gesundheit des Leibes und der Seele erfreuen dürfen und dass wir durch die Fürsprache der Heiligsten Maria, der immerwährenden Jungfrau, befreit werden von gegenwärtigen Übeln und in ewiger Freude frohlocken dürfen. Durch Christus, unseren Herrn. ℟. Amen.

Dritter Tag

Akt der Reue

Ich glaube an Gott: vermehre, oh Herr, meinen Glauben. Ich hoffe auf Gott: stärke, oh Herr, meine Hoffnung. Ich liebe meinen Gott: entzünde, oh Herr, meine Liebe. Ich bereue es dich beleidigt zu haben, oh mein Gott: vertiefe, oh Herr, meine Reue. Ich verspreche, hoffend auf deine Gnade und auf die Hilfe und den Schutzes der Allerheiligsten Mutter des Guten Rates, dass ich nie wieder sündige. Hab Erbarmen und Mitleid mit mir, oh Herr. ℟. Amen.

Gebet für jeden Tag

O heiligste und unbefleckte Königin des Himmels, Heiligste Maria vom guten Erfolg, auserwählte Tochter des ewigen Vaters; geliebteste Mutter des göttlichen Sohnes; du Braut des Heiligen Geistes; du erhabener Thron der göttlichen Majestät; erhabener Tempel der Heiligsten Dreifaltigkeit; in welche die drei göttlichen Personen die Schätze ihrer Macht, Weisheit und Liebe gelegt haben!

Erinnere dich, oh Jungfrau Maria vom guten Erfolg, dass Gott dich als überaus großes Werk geschaffen hat, damit du den armen Sündern helfen mögest. Erinnere dich deiner vielen Versprechen, dich als liebende Mutter all denen zu zeigen, die ihre Zuflucht in dir suchen. An dich wende ich mich, oh gnadenreiche Mutter, erbitte mir durch die Liebe, mit der dich der Allerhöchste liebt, dass mir Gottvater, einen lebendigen Glauben schenken möge, durch den ich niemals die Sicht auf die ewigen Wahrheiten verliere. Von deinem Sohne erbitte mir die standhafte Hoffnung, dass ich immer danach strebe, die Glorie zu erreichen, die er durch sein Blut für mich erworben hat. Vom Heiligen Geist erbitte mir eine brennende Liebe, dass ich mein

ganzes Leben das höchste Gut und dich, oh Heiligste Jungfrau, liebe, bis ich, vertrauend auf deine Fürsprache, eingehe in die Liebe und Vereinigung mit ihm in alle Ewigkeit. ℟. Amen.

Huldigung an Maria

Da sie die geliebteste Tochter Gottvaters ist.
Gegrüßet seist du Maria...

Huldigung an Maria

Da sie die auserwählte Mutter des Gottessohnes ist.
Gegrüßet seist du Maria...

Huldigung an Maria

Da sie die Braut des Heiligen Geistes ist.
Gegrüßet seist du Maria...

Ehre sei dem Vater...

Dritter Tag

Bedenke, wie die Wanderer, die durch die Gnade geleitet und von der Neugierde gezogen wurden, die Herkunft dieser wundersamen Erscheinung herauszufinden, zu dem Ort geführt wurden, wo sie ihren Schutz finden sollten. Sie zogen ihre Schuhe aus und kletterten unter großen Schwierigkeiten, mit gegenseitiger Hilfe über zerfurchte Felsen hinauf auf den Berg. Sie erreichten die Höhle und konnten Lichtblitze wahrnehmen. Und als sie hineinschauten waren sie voller Freude und Bewunderung, denn dieser Felsen war von der Natur gleich einem Schrein geformt worden und die wundervollste Statue der Heiligsten Jungfrau mit ihrem lieblichen Kinde auf ihrem linken Arm, einem Zepter in der rechten Hand und auf ihrer Stirn eine mit Edelsteinen besetzte edle Krone tragend erschien. Sie trug Gewänder älterer Zeit von vollster Reinheit. Der Platz wurde von vielen, wunderschönen Blumen geschmückt, die sowohl auf dem Boden lagen, als auch an der Wand hingen, und die die Höhle, in der die Königin des Himmels stand, mit einem süßlichen Duft erfüllten. Zudem erfüllte ein Licht, welches mit kunstvoller Hand in den Felsen eingelassen war, die ganze Höhle und ließ sie in einem hellen Schein erstrahlen. Welche Schönheit und Anmut; angemessen, um die wunderbare Frau zu ehren! Was für eine Überraschung und Verwunderung für die Wanderer, die ekstatisch ein Stück des Himmels bewunderten und deren Herzen durch die Anwesenheit der Mutter, die sich selbst so unerwartet offenbart hatte, beruhigt wurden. Und nach einem so schrecklichen Sturm erschien sie, um ihnen mit glänzender Schönheit und mit einem außergewöhnlich freundlichen Gesichte zu helfen, indem sie ihnen Zuflucht und Trost in einer so hoffnungslosen Gefahr gab.

Gieße nun aus, meine Seele, all deine Sorgen vor das Bildnis der Heiligen Maria, wann immer dich Bürden in deinem Leben bedrücken oder drohende Gefahren dich verzweifeln lassen; wende dich in Stille und mit Vertrauen an sie und danke Gott dafür, dass er seine Allmacht gezeigt hat, indem er diese Statue wunderbar gemacht hat und sie an diesem verborgenen Ort hat finden lassen, um die Ehre der Unbefleckten Jungfrau zu vermehren, in dem alle sie unter dem edlen Titel, vom Guten Erfolg verehren.

Gebet

Oh gütiger Gott, der du niemals deine gläubigen und eifrigen Diener in Trostlosigkeit oder inmitten von Unglück oder in der Gefahr schlimmer Unwetter alleine lässt und der du uns zum Schutze gegen jedes Elend empfiehlst zu deiner Mutter, der Zuflucht der Sünder, zu flehen. Gib uns, so bitten wir, ein zärtliches und glühendes Herz, um die Heilige Maria aufzusuchen und Liebe und Schutz bei ihr zu finden, wann immer wir zu ihr rufen und schenke uns durch ihre Fürsprache ein christliches Leben und das ewige Leben im Himmel.℟. Amen.

Dank der Heiligen Jungfrau

Oh Allerheiligste Jungfrau, gepriesen unter allen Frauen, uns fehlen die Worte, um dir für deine unzähligen Geschenke und Gnaden, die wir aus deinen Händen empfangen durften, in angemessener Weise zu danken. Der Tag, an dem du in diese Welt geboren wurdest, kann zu Recht als Tag der Gnade, Rettung und des Trostes bezeichnet werden. Du bist die volle Ehre des menschlichen Geschlechts, die Freude des Paradieses, Gottes geliebter Edelstein und die Rettung unserer Nation. Aufgrund welcher Verdienste bist du, o Allerheiligste Jungfrau vom guten Erfolg, unsere persönliche Mutter geworden? Möge Gott auf ewig gepriesen sein, da es dich uns zur Mutter gegeben hat. Sei gleichfalls gesegnet, oh Jungfrau Maria, da du dich gegenüber unseren Bitten trotz unserer Undankbarkeit immer gütig zeigst.

Sei uns gnädig, oh liebevolle Mutter, damit wir durch deine Statue Trost auf Erden erlangen und in ihr einen Ort der Zuflucht, der Hilfe und des Schutzes, sei es in unseren Nöten oder in den Nöten der ganzen Kirche, finden mögen. Sei uns gnädig und schütze uns vor Kriegen, Pest, Hunger, Bränden, Erdbeben und all den Strafen, die wir aufgrund unserer Vergehen verdient hätten. Bitte für die Heilige Kirche und ihr Oberhaupt. Erhöre das Flehen derer, die dich anrufen, du unsere Fürsprecherin und Mutter; auf dich setzen wir all unser Vertrauen. Zu dir haben wir unsere Zuflucht genommen und wir hoffen, dass du für uns Vergebung unserer Sünden bei deinem Sohn erbitten und uns durch deine Gnaden eine Standfestigkeit im Glauben bis zu unserem Tode schenken mögest. ℟. Amen.

Nun erhebe jeder sein Herz zu Gott, unserem Herrn, und bitte durch die Fürsprache der Allerheiligsten Mutter vom guten Erfolg um alles, was er wünscht.

Responsorien zu Ehren der Allerheiligsten Jungfrau

Oh Maria, Jungfrau und Mutter, die du die Welt stets mit überaus großen Gnaden entzückt hast!
Antwort: Hilf uns/mir, heilige Maria, die du unsere Mutter bist.

Kein anderes Geschöpf ist gleich dir dem Wort unseres Vaters gehorsam, der überaus große Dinge zu deinen Ehren vollbracht hat!
Hilf uns/mir, heilige Maria, die du unsere Mutter bist.

Du bist der wertvollste Tempel des Heiligen Geistes, der erhabenen Dreifaltigkeit, durch welche du mit allen Freuden erfüllt wurdest!
Hilf uns/mir, heilige Maria, die du unsere Mutter bist.

In dir wohnt die Reinheit der Engel und du zeigst Güte gegenüber den Niedergeschlagenen!
Hilf uns/mir, heilige Maria, die du unsere Mutter bist.

Die Christenheit ruft dich als ihre Königin an; der König der Könige setzte dich zu seiner Rechten!
Hilf uns/mir, heilige Maria, die du unsere Mutter bist.

Oh Mutter der Gnaden! Oh unsere Hoffnung! Du Hafen der Schiffbrüchigen und Meeresstern!
Hilf uns/mir, heilige Maria, die du unsere Mutter bist.

Du immerwährende ewige Pforte des Himmels, du Heil der Kranken, du Licht in der Finsternis!
Hilf uns/mir, heilige Maria, die du unsere Mutter bist.

Durch dich mögen wir die Gnade erlangen, an dem Ort der Heiligen Gott zu sehen, in welchem er lebt und regiert.
Hilf uns/mir, heilige Maria, die du unsere Mutter bist.

Leite unsere Schritte und begleite uns in unseren letzten Stunden, oh zärtliche und süße Maria!
Hilf uns/mir, heilige Maria, die du unsere Mutter bist.

Nimm an das innige Flehen unserer Lippen, die es nicht vermögen deine unergründliche Erhabenheit auszudrücken!
Hilf uns/mir, heilige Maria, die du unsere Mutter bist.

Antiphon

Oh Maria, du bist die Hilfe der Hilflosen, die Stärke der Gläubigen und der Trost der Betrübten; bitte für die Menschen, verteidige deine Priester, lege Fürsprache für alle Frauen ein, die sich Gott geweiht haben; mögen alle, die dein heiliges Andenken bewahren, die Kraft deiner Hilfe erfahren.
℣. Bitte für uns, oh Jungfrau vom guten Erfolg!
℟. Auf dass wir würdig werden der Verheißungen Christi.

Schlussgebet

Schenke uns Herr, unser Gott, so bitten wir inständig, dass wir, deine Diener uns immerwährender Gesundheit des Leibes und der Seele erfreuen dürfen und dass wir durch die Fürsprache der Heiligsten Maria, der immerwährenden Jungfrau, befreit werden von gegenwärtigen Übeln und in ewiger Freude frohlocken dürfen. Durch Christus, unseren Herrn. ℟. Amen.

Vierter Tag

Akt der Reue

Ich glaube an Gott: vermehre, oh Herr, meinen Glauben. Ich hoffe auf Gott: stärke, oh Herr, meine Hoffnung. Ich liebe meinen Gott: entzünde, oh Herr, meine Liebe. Ich bereue es dich beleidigt zu haben, oh mein Gott: vertiefe, oh Herr, meine Reue. Ich verspreche, hoffend auf deine Gnade und auf die Hilfe und den Schutzes der Allerheiligsten Mutter des Guten Rates, dass ich nie wieder sündige. Hab Erbarmen und Mitleid mit mir, oh Herr. ℟. Amen.

Gebet für jeden Tag

O heiligste und unbefleckte Königin des Himmels, Heiligste Maria vom guten Erfolg, auserwählte Tochter des ewigen Vaters; geliebteste Mutter des göttlichen Sohnes; du Braut des Heiligen Geistes; du erhabener Thron der göttlichen Majestät; erhabener Tempel der Heiligsten Dreifaltigkeit; in welche die drei göttlichen Personen die Schätze ihrer Macht, Weisheit und Liebe gelegt haben!

Erinnere dich, oh Jungfrau Maria vom guten Erfolg, dass Gott dich als überaus großes Werk geschaffen hat, damit du den armen Sündern helfen mögest. Erinnere dich deiner vielen Versprechen, dich als liebende Mutter all denen zu zeigen, die ihre Zuflucht in dir suchen. An dich wende ich mich, oh gnadenreiche Mutter, erbitte mir durch die Liebe, mit der dich der Allerhöchste liebt, dass mir Gottvater, einen lebendigen Glauben schenken möge, durch den ich niemals die Sicht auf die ewigen Wahrheiten verliere. Von deinem Sohne erbitte mir die standhafte Hoffnung, dass ich immer danach strebe, die Glorie zu erreichen, die er durch sein Blut für mich erworben hat. Vom Heiligen Geist erbitte mir eine brennende Liebe, dass ich mein

ganzes Leben das höchste Gut und dich, oh Heiligste Jungfrau, liebe, bis ich, vertrauend auf deine Fürsprache, eingehe in die Liebe und Vereinigung mit ihm in alle Ewigkeit. ℟. Amen.

Huldigung an Maria

Da sie die geliebteste Tochter Gottvaters ist.
Gegrüßet seist du Maria...

Huldigung an Maria

Da sie die auserwählte Mutter des Gottessohnes ist.
Gegrüßet seist du Maria...

Huldigung an Maria

Da sie die Braut des Heiligen Geistes ist.
Gegrüßet seist du Maria...

Ehre sei dem Vater...

Vierter Tag

Betrachte, mit welch unbeschreiblicher Freude die guten Brüder überwältigt waren, als sie so viel Glanz beschauten, der den Raum umgab, in dem das Bildnis der Lieben Frau, einem strahlenden Sterns gleich, stand. Sie knieten ehrfürchtig nieder, um sie zu preisen. Sie dankten ihr für dieses einzigartige Geschenk und die außergewöhnliche Fügung, indem sie ihre Gedanken und ihre Liebe in eine himmlische Betrachtung emporhoben, mit dem Glauben daran erfüllt, dass sie auserwählt waren, dieses übernatürliche Bildnis schauen zu dürfen. Denn alles, was sie sehen oder riechen konnten war nicht die Arbeit von Menschen, nicht an diesem Ort voller Felsen und weit entfernt jedes Dorfes. Sie wiederholten immer wieder eifrig ihre Gebete des Dankes und baten um das Licht und die Gnade des

Himmels, um zu entscheiden, was sie tun sollten, um den Ursprung dieser heiligen Erscheinung zu bestimmen und wer die fromme Person oder die Gemeinschaft ist, die sich so wunderbar um diesen Schrein gesorgt hatte. Und obwohl es schien, dass ein solch herrliches Geschenk nicht von Menschenhand gemacht sein konnte, zumal an einem so unerreichbaren Ort, gab ihnen ihre Klugheit und Frömmigkeit dennoch ein, sorgfältig die Umstände dieses Geschehens zu erkunden. Sie wanderten sodann durch kleine naheliegende Dörfer, die allerdings mehr als 15 Kilometer entfernt waren, konnten aber keine einzige Person finden, die ihnen Auskunft über das Bildnis in der Höhle geben konnte. Ebenso hatten die Bewohner, die schon älter waren, weit über 80 oder 100 Jahre alt, noch nie etwas über die Existenz oder die Verehrung eines solchen Bildnisses gehört, was in einem Felsen sein sollte oder überhaupt in der Region um diese Dörfer.

Erwäge nun, meine Seele, das Erstaunen und die heilige Freude dieser Brüder, die nun die Besitzer dieses außergewöhnlichen Fundes waren; wie sie vor dem heiligen Bilde niederknieten; wie sie ihren überschwänglichen Dank mit Küssen und Umarmungen ausdrückten und sie unter ihrem bedeutenden Namen der Mutter vom guten Erfolg als besondere Patronin und Mittlerin auswählten. Bereite dein Herz mit reiner Liebe zur Frömmigkeit und Dankbarkeit; gieße aus deine Gefühle über die Bewunderung für ein solch ungewöhnliches Wunder, das den Brüdern zuteilwurde; nimm selbst an dem Gebet teil, welches sie an die Heilige Jungfrau richteten. Liebe sie und stelle dich vor sie mit großzügiger Hingabe, denn auch du hast sie gefunden an der Straße, inmitten deines Lebens, welches erfüllt ist mit dem schrecklichen Sturm der Leidenschaft.

Gebet

Oh Gott von unermesslicher Liebe, du hast uns deine Mutter, als unsere Mutter vom guten Erfolg, als kostbares Zeichen des Trostes auf dem Weg unseres gefährlichen Lebens finden lassen, um in ihr ein Schild der Verteidigung gegen Verfolgung und Gefahr zu besitzen; verleihe uns Dankbarkeit gegenüber deiner Güte, dass wir dir dies mit Tapferkeit und mit zärtlicher und immerwährender Hingabe an die Heiligste Maria zurückgeben können, damit wir durch ihre Fürsprache in den Himmel kommen mögen. ℟. Amen.

Dank der Heiligen Jungfrau

Oh Allerheiligste Jungfrau, gepriesen unter allen Frauen, uns fehlen die Worte, um dir für deine unzähligen Geschenke und Gnaden, die wir aus deinen Händen empfangen durften, in angemessener Weise zu danken. Der Tag, an dem du in diese Welt geboren wurdest, kann zu Recht als Tag der Gnade, Rettung und des Trostes bezeichnet werden. Du bist die volle Ehre des menschlichen Geschlechts, die Freude des Paradieses, Gottes geliebter Edelstein und die Rettung unserer Nation. Aufgrund welcher Verdienste bist du, o Allerheiligste Jungfrau vom guten Erfolg, unsere persönliche Mutter geworden? Möge Gott auf ewig gepriesen sein, da es dich uns zur Mutter gegeben hat. Sei gleichfalls gesegnet, oh Jungfrau Maria, da du dich gegenüber unseren Bitten trotz unserer Undankbarkeit immer gütig zeigst.

Sei uns gnädig, oh liebevolle Mutter, damit wir durch deine Statue Trost auf Erden erlangen und in ihr einen Ort der Zuflucht, der Hilfe und des Schutzes, sei es in unseren Nöten oder in den Nöten der ganzen Kirche, finden mögen. Sei uns gnädig und schütze uns vor Kriegen, Pest, Hunger, Bränden, Erdbeben und all den Strafen, die wir aufgrund unserer Vergehen verdient hätten. Bitte für die Heilige Kirche und ihr Oberhaupt. Erhöre das Flehen derer, die dich anrufen, du unsere Fürsprecherin und Mutter; auf dich setzen wir all unser Vertrauen. Zu dir haben wir unsere Zuflucht genommen und wir hoffen, dass du für uns Vergebung unserer Sünden bei deinem Sohn erbitten und uns durch deine Gnaden eine Standfestigkeit im Glauben bis zu unserem Tode schenken mögest. ℟. Amen.

Nun erhebe jeder sein Herz zu Gott, unserem Herrn, und bitte durch die Fürsprache der Allerheiligsten Mutter vom guten Erfolg um alles, was er wünscht.

Responsorien zu Ehren der Allerheiligsten Jungfrau

Oh Maria, Jungfrau und Mutter, die du die Welt stets mit überaus großen Gnaden entzückt hast!
Antwort: Hilf uns/mir, heilige Maria, die du unsere Mutter bist.

Kein anderes Geschöpf ist gleich dir dem Wort unseres Vaters gehorsam, der überaus große Dinge zu deinen Ehren vollbracht hat!
Hilf uns/mir, heilige Maria, die du unsere Mutter bist.

Du bist der wertvollste Tempel des Heiligen Geistes, der erhabenen Dreifaltigkeit, durch welche du mit allen Freuden erfüllt wurdest!
Hilf uns/mir, heilige Maria, die du unsere Mutter bist.

In dir wohnt die Reinheit der Engel und du zeigst Güte gegenüber den Niedergeschlagenen!
Hilf uns/mir, heilige Maria, die du unsere Mutter bist.

Die Christenheit ruft dich als ihre Königin an; der König der Könige setzte dich zu seiner Rechten!
Hilf uns/mir, heilige Maria, die du unsere Mutter bist.

Oh Mutter der Gnaden! Oh unsere Hoffnung! Du Hafen der Schiffbrüchigen und Meeresstern!
Hilf uns/mir, heilige Maria, die du unsere Mutter bist.

Du immerwährende ewige Pforte des Himmels, du Heil der Kranken, du Licht in der Finsternis!
Hilf uns/mir, heilige Maria, die du unsere Mutter bist.

Durch dich mögen wir die Gnade erlangen, an dem Ort der Heiligen Gott zu sehen, in welchem er lebt und regiert.
Hilf uns/mir, heilige Maria, die du unsere Mutter bist.

Leite unsere Schritte und begleite uns in unseren letzten Stunden, oh zärtliche und süße Maria!
Hilf uns/mir, heilige Maria, die du unsere Mutter bist.

Nimm an das innige Flehen unserer Lippen, die es nicht vermögen deine unergründliche Erhabenheit auszudrücken!
Hilf uns/mir, heilige Maria, die du unsere Mutter bist.

Antiphon

Oh Maria, du bist die Hilfe der Hilflosen, die Stärke der Gläubigen und der Trost der Betrübten; bitte für die Menschen, verteidige deine Priester, lege Fürsprache für alle Frauen ein, die sich Gott geweiht haben; mögen alle, die dein heiliges Andenken bewahren, die Kraft deiner Hilfe erfahren.
℣. Bitte für uns, oh Jungfrau vom guten Erfolg!
℟. Auf dass wir würdig werden der Verheißungen Christi.

Schlussgebet

Schenke uns Herr, unser Gott, so bitten wir inständig, dass wir, deine Diener uns immerwährender Gesundheit des Leibes und der Seele erfreuen dürfen und dass wir durch die Fürsprache der Heiligsten Maria, der immerwährenden Jungfrau, befreit werden von gegenwärtigen Übeln und in ewiger Freude frohlocken dürfen. Durch Christus, unseren Herrn. ℟. Amen.

Fünfter Tag

Akt der Reue

Ich glaube an Gott: vermehre, oh Herr, meinen Glauben. Ich hoffe auf Gott: stärke, oh Herr, meine Hoffnung. Ich liebe meinen Gott: entzünde, oh Herr, meine Liebe. Ich bereue es dich beleidigt zu haben, oh mein Gott: vertiefe, oh Herr, meine Reue. Ich verspreche, hoffend auf deine Gnade und auf die Hilfe und den Schutzes der Allerheiligsten Mutter des Guten Rates, dass ich nie wieder sündige. Hab Erbarmen und Mitleid mit mir, oh Herr. ℟. Amen.

Gebet für jeden Tag

O heiligste und unbefleckte Königin des Himmels, Heiligste Maria vom guten Erfolg, auserwählte Tochter des ewigen Vaters; geliebteste Mutter des göttlichen Sohnes; du Braut des Heiligen Geistes; du erhabener Thron der göttlichen Majestät; erhabener Tempel der Heiligsten Dreifaltigkeit; in welche die drei göttlichen Personen die Schätze ihrer Macht, Weisheit und Liebe gelegt haben!

Erinnere dich, oh Jungfrau Maria vom guten Erfolg, dass Gott dich als überaus großes Werk geschaffen hat, damit du den armen Sündern helfen mögest. Erinnere dich deiner vielen Versprechen, dich als liebende Mutter all denen zu zeigen, die ihre Zuflucht in dir suchen. An dich wende ich mich, oh gnadenreiche Mutter, erbitte mir durch die Liebe, mit der dich der Allerhöchste liebt, dass mir Gottvater, einen lebendigen Glauben schenken möge, durch den ich niemals die Sicht auf die ewigen Wahrheiten verliere. Von deinem Sohne erbitte mir die standhafte Hoffnung, dass ich immer danach strebe, die Glorie zu erreichen, die er durch sein Blut für mich erworben hat. Vom Heiligen Geist erbitte mir eine brennende Liebe, dass ich mein

ganzes Leben das höchste Gut und dich, oh Heiligste Jungfrau, liebe, bis ich, vertrauend auf deine Fürsprache, eingehe in die Liebe und Vereinigung mit ihm in alle Ewigkeit. ℟. Amen.

Huldigung an Maria

Da sie die geliebteste Tochter Gottvaters ist.
Gegrüßet seist du Maria...

Huldigung an Maria

Da sie die auserwählte Mutter des Gottessohnes ist.
Gegrüßet seist du Maria...

Huldigung an Maria

Da sie die Braut des Heiligen Geistes ist.
Gegrüßet seist du Maria...

Ehre sei dem Vater...

Fünfter Tag

Betrachte, wie die heiligen Wanderer, die nun davon überzeugt waren, dass das, was sie gefunden hatten, ihr Erbe ist, das Bildnis in einen kleinen Korb legen und wie sie mit einer solch liebenden und mächtigen Gefährtin, froh und leicht ihre Reise nach Rom fortsetzen. Nachdem sie freundlich vom Heiligen Vater, Papst Paul V., einem sehr bescheidenen und frommen Mann, empfangen wurden, waren sie seine Ehrengäste. Er war bereits in Kenntnis gesetzt worden über die Statue der Jungfrau und als er sie in ihrem glänzenden und freudestrahlenden Erscheinungsbild sah, kniete er sofort vor ihr nieder. Er legte ihr sein goldenes Brustkreuz um den Hals und gewährte allen, die sie verehrten, Gnade und einen Ablass und vertraute sie den glücklichen Männern an, die sie auf eine so außergewöhnliche Weise gefunden hatten. Außerdem trug ihnen auf, sie durch ihre Andacht zu ehren und die Andacht zu ihr zu verbreiten. In all diesen Taten sahen die Brüder, nachdem der Papst ihr unwissentlich den Namen „Unsere Liebe Frau vom guten Erfolg" gegeben hatte, gewisse Zeichen dafür, dass ihre Entdeckung übernatürlich war. Dieses unbegreifliche Geschenk wurde zu einer unermesslichen Quelle der Gnaden und Wunder, wie sie zum Beispiel in Valencia, wohin sie die religiösen Brüder brachten, geschahen. Später brachten sie die Statue in einer wunderschönen Prozession in die prächtige Kirche von Madrid, der Hauptstadt Spaniens, wo das Bildnis weiterhin wunderbare Taten vollbrachte. Ihre Verehrung und die Gaben erstreckten sich nicht nur über Europa, sondern auch bis zur letzten Regionen Amerikas.

Habe Mut, meine Seele, in der Gegenwart von Maria, welche kommt, um dich zu besuchen in den großen Schwierigkeiten des Lebens und die dich mit ihr Lächeln und zauberhaften Gesicht tröstet. Siehe der Vater von allen Gläubigen kniete in ihrer Gegenwart, seine besten Gebetet ihr darreichend und drängte dich, dich ihr ganz zu übergeben und Vertrauen zu ihrer Fürsorge zu haben. Freue dich über die göttliche Vorsehung, welche dich Maria nahe gebracht hat und dich in ihrer Gesellschaft, in ihrem Schutz behält. Preise sie, ehre sie und gib ihr auch dein Herzenskreuz von deiner Liebe, zu ihren Füßen zu sitzen soll deine Freude sein: reiche ihr deine entschlossene und unentwegte Arbeit dar, dich selbst zu besiegen, um einen außerordentlichen Gunst von ihr zu erhalten, welche so viele fromme Personen durch diese Heilige Abbild der Mutter vom Guten Erfolg erhalten haben.

Gebet

Oh unübertrefflicher Gott, der du durch deinen erhabenen Ratschluss uns die Heiligste Jungfrau vom guten Erfolg auf unserer irdischen Pilgerfahrt als Begleiter geben hast, sodass sie uns ein Vorbild, eine Führerin und Beschützerin in unseren Prüfungen sei. Gib, dass wir mit ihrer Hilfe, mit einfachem und vollstem Vertrauen auf dem Weg zu deiner Wohnung, Ewiger Vater, voran-schreiten, in welcher wir alles erhalten, nach was wir fragen: gewähre uns ein voll Liebe brennendes Herz für unsere Heiligste Jungfrau vom guten Erfolg, sodass es sich selbst als ein Geschenk der Dankbarkeit dieser gottbegnadeten Mutter anbietet, eine starke und beständige Liebe zur Auslöschung aller unserer Leidenschaften als Dank für die größten Geschenke, die wir aus ihren mitfühlenden Händen empfangen durften: sodass wir sie immer als glücksverheißende Frau im Leben und in unserem Tod als süßen Schutz besitzen mögen, um unser ewiges Heil erlangen zu können. ℟. Amen.

Dank der Heiligen Jungfrau

Oh Allerheiligste Jungfrau, gepriesen unter allen Frauen, uns fehlen die Worte, um dir für deine unzähligen Geschenke und Gnaden, die wir aus deinen Händen empfangen durften, in angemessener Weise zu danken. Der Tag, an dem du in diese Welt geboren wurdest, kann zu Recht als Tag der Gnade, Rettung und des Trostes bezeichnet werden. Du bist die volle Ehre des menschlichen Geschlechts, die Freude des Paradieses, Gottes geliebter Edelstein und die Rettung unserer Nation. Aufgrund welcher Verdienste bist du, o Allerheiligste Jungfrau vom guten Erfolg, unsere persönliche Mutter geworden? Möge Gott auf ewig gepriesen sein, da es dich uns zur Mutter gegeben hat. Sei gleichfalls gesegnet, oh Jungfrau Maria, da du dich gegenüber unseren Bitten trotz unserer Undankbarkeit immer gütig zeigst.

Sei uns gnädig, oh liebevolle Mutter, damit wir durch deine Statue Trost auf Erden erlangen und in ihr einen Ort der Zuflucht, der Hilfe und des Schutzes, sei es in unseren Nöten oder in den Nöten der ganzen Kirche, finden mögen. Sei uns gnädig und schütze uns vor Kriegen, Pest, Hunger, Bränden, Erdbeben und all den Strafen, die wir aufgrund unserer Vergehen verdient hätten. Bitte für die Heilige Kirche und ihr Oberhaupt. Erhöre das Flehen derer, die dich anrufen, du unsere Fürsprecherin und Mutter; auf dich setzen wir all unser Vertrauen. Zu dir haben wir unsere Zuflucht genommen und wir hoffen, dass du für uns Vergebung unserer Sünden bei deinem Sohn erbitten und uns durch deine Gnaden eine Standfestigkeit im Glauben bis zu unserem Tode schenken mögest. ℟. Amen.

Nun erhebe jeder sein Herz zu Gott, unserem Herrn, und bitte durch die Fürsprache der Allerheiligsten Mutter vom guten Erfolg um alles, was er wünscht.

Responsorien zu Ehren der Allerheiligsten Jungfrau

Oh Maria, Jungfrau und Mutter, die du die Welt stets mit überaus großen Gnaden entzückt hast!
Antwort: Hilf uns/mir, heilige Maria, die du unsere Mutter bist.

Kein anderes Geschöpf ist gleich dir dem Wort unseres Vaters gehorsam, der überaus große Dinge zu deinen Ehren vollbracht hat!
Hilf uns/mir, heilige Maria, die du unsere Mutter bist.

Du bist der wertvollste Tempel des Heiligen Geistes, der erhabenen Dreifaltigkeit, durch welche du mit allen Freuden erfüllt wurdest!
Hilf uns/mir, heilige Maria, die du unsere Mutter bist.
In dir wohnt die Reinheit der Engel und du zeigst Güte gegenüber den Niedergeschlagenen!
Hilf uns/mir, heilige Maria, die du unsere Mutter bist.

Die Christenheit ruft dich als ihre Königin an; der König der Könige setzte dich zu seiner Rechten!
Hilf uns/mir, heilige Maria, die du unsere Mutter bist.

Oh Mutter der Gnaden! Oh unsere Hoffnung! Du Hafen der Schiffbrüchigen und Meeresstern!
Hilf uns/mir, heilige Maria, die du unsere Mutter bist.

Du immerwährende ewige Pforte des Himmels, du Heil der Kranken, du Licht in der Finsternis!
Hilf uns/mir, heilige Maria, die du unsere Mutter bist.

Durch dich mögen wir die Gnade erlangen, an dem Ort der Heiligen Gott zu sehen, in welchem er lebt und regiert.
Hilf uns/mir, heilige Maria, die du unsere Mutter bist.

Leite unsere Schritte und begleite uns in unseren letzten Stunden, oh zärtliche und süße Maria!
ilf uns/mir, heilige Maria, die du unsere Mutter bist.

Nimm an das innige Flehen unserer Lippen, die es nicht vermögen deine unergründliche Erhabenheit auszudrücken!
Hilf uns/mir, heilige Maria, die du unsere Mutter bist.

Antiphon

Oh Maria, du bist die Hilfe der Hilflosen, die Stärke der Gläubigen und der Trost der Betrübten; bitte für die Menschen, verteidige deine Priester, lege Fürsprache für alle Frauen ein, die sich Gott geweiht haben; mögen alle, die dein heiliges Andenken bewahren, die Kraft deiner Hilfe erfahren.
℣. Bitte für uns, oh Jungfrau vom guten Erfolg!
℞. Auf dass wir würdig werden der Verheißungen Christi.

Schlussgebet

Schenke uns Herr, unser Gott, so bitten wir inständig, dass wir, deine Diener uns immerwährender Gesundheit des Leibes und der Seele erfreuen dürfen und dass wir durch die Fürsprache der Heiligsten Maria, der immerwährenden Jungfrau, befreit werden von gegenwärtigen Übeln und in ewiger Freude frohlocken dürfen. Durch Christus, unseren Herrn. ℟. Amen.

Sechster Tag

Akt der Reue

Ich glaube an Gott: vermehre, oh Herr, meinen Glauben. Ich hoffe auf Gott: stärke, oh Herr, meine Hoffnung. Ich liebe meinen Gott: entzünde, oh Herr, meine Liebe. Ich bereue es dich beleidigt zu haben, oh mein Gott: vertiefe, oh Herr, meine Reue. Ich verspreche, hoffend auf deine Gnade und auf die Hilfe und den Schutzes der Allerheiligsten Mutter des Guten Rates, dass ich nie wieder sündige. Hab Erbarmen und Mitleid mit mir, oh Herr. ℞. Amen.

Gebet für jeden Tag

O heiligste und unbefleckte Königin des Himmels, Heiligste Maria vom guten Erfolg, auserwählte Tochter des ewigen Vaters; geliebteste Mutter des göttlichen Sohnes; du Braut des Heiligen Geistes; du erhabener Thron der göttlichen Majestät; erhabener Tempel der Heiligsten Dreifaltigkeit; in welche die drei göttlichen Personen die Schätze ihrer Macht, Weisheit und Liebe gelegt haben!

Erinnere dich, oh Jungfrau Maria vom guten Erfolg, dass Gott dich als überaus großes Werk geschaffen hat, damit du den armen Sündern helfen mögest. Erinnere dich deiner vielen Versprechen, dich als liebende Mutter all denen zu zeigen, die ihre Zuflucht in dir suchen. An dich wende ich mich, oh gnadenreiche Mutter, erbitte mir durch die Liebe, mit der dich der Allerhöchste liebt, dass mir Gottvater, einen lebendigen Glauben schenken möge, durch den ich niemals die Sicht auf die ewigen Wahrheiten verliere. Von deinem Sohne erbitte mir die standhafte Hoffnung, dass ich immer danach strebe, die Glorie zu erreichen, die er durch sein Blut für mich erworben hat. Vom Heiligen Geist erbitte mir eine brennende Liebe, dass ich mein

ganzes Leben das höchste Gut und dich, oh Heiligste Jungfrau, liebe, bis ich, vertrauend auf deine Fürsprache, eingehe in die Liebe und Vereinigung mit ihm in alle Ewigkeit. ℟. Amen.

Huldigung an Maria

Da sie die geliebteste Tochter Gottvaters ist.
Gegrüßet seist du Maria...

Huldigung an Maria

Da sie die auserwählte Mutter des Gottessohnes ist.
Gegrüßet seist du Maria...

Huldigung an Maria

Da sie die Braut des Heiligen Geistes ist.
Gegrüßet seist du Maria...

Ehre sei dem Vater...

Sechster Tag

Betrachte, wie die Stadt Quito und ihr ältestes Kloster, das Kloster des Konvents der Unbefleckten Empfängnis, die Wunder unserer ehrenvollen Mutter vom guten Erfolg erfahren durften. Es ist überliefert, dass im Jahre 1610, also 33 Jahre nach der Gründung des Klosters, Maria auf wundersame Weise der Mutter Mariana von Jesus Torres, einer Spanierin, die eine Gründerin und zu der Zeit Äbtissin des Klosters war, erschien. Diese glückliche und fromme Nonne betete alleine in zärtlicher Andacht und goss ihr Herz aus, indem sie Maria unter dem Namen Mutter vom guten Erfolg anflehte und Gnade für ihre Seele, ihre Mitschwestern, das Kloster und die ganze Gesellschaft erbat. Sie war völlig versunken in den Anliegen ihres Gebetes, die mit einem solchen Glauben und Vertrauen durchdrungenen waren, mit einem solchen lebendigen Wunsch, dass Maria ihre Bitte sehen und sich dafür interessieren möge, dass sie sodann ihre Augen gen Himmel erhob, während sie die Mutter anrief, damit sie komme und ihr helfe und ihr das schenke, um was sie so demütig bat, verbunden mit der aufrichtigen Sorge um das Wohlergehen des Klosters und der gesamten katholischen Kirche. Zudem betrachte, wie ein schimmerndes Licht die Kirche erfüllt und die Nonne in gleichsame Ekstase fiel, beeindruckt von einer solchen Helligkeit; ein plötzliches Erstaunen ergriff ihren Geist und sie war von unbeschreiblicher Freude in ihrem Herzen erfüllt. In ihr wuchs der Glaube und ihre Andacht vertiefte sich während sich das Licht immer weiter in einem nie dagewesenen Glanz verteilte, direkt vor den erstaunten und funkelnden Augen der Nonne. Und sobald diese Freude ihr überraschtes Herz mit einer solchen Wärme und übernatürlichen Liebe erfüllt hatte, vertiefte sie ihr Gebet noch eifriger in einer Ekstase von unbegrenztem Vertrauen.

Dann schaute die gesegnete Seele, die die Güter der Erde aufgegeben hatte, hinauf zum Himmel mit einem liebevollen und vom Glauben durchdrungenen, erfüllten Blick; ihre Seele öffnete sich mit einer solchen Zuneigung, dass das göttliche Licht in ihr zu leuchten schien und sie vom Glanz der Göttlichkeit erfüllt war... „Der einfache Mann lebt durch den Glauben." Der einfache Mann macht diese schlechte Welt zu seinem Himmel, indem er das Licht des Glaubens aufnimmt, ein Licht, welches von keinem der Morgensterne übertroffen werden kann.

Erneuere deinen Glauben, O meine Seele, an die geoffenbarten Geheimnisse; lass uns unsere Taten des Leben betrachten, indem unsere Augen erleuchtet sein mögen mit der einzigen Wahrheit und lass uns die Gedanken wegwerfen, die sich nur auf die unwichtigen Dinge des Lebens auf Erden beziehen. Lass uns umso mehr die Gedanken ergreifen, die unser göttlicher Lenker direkt in unser Herz hineingelassen hat. Und lass uns, insbesondere im Gebet, die Erde verlassen und uns selbst emporheben zu den Gedanken an den höchsten Platz im

Himmel, an dem der allmächtige Gott und Maria, Tochter, Mutter und Braut [des Heiligen Geistes] wohnen, die uns als demütige Pilger erwarten. Bitten wir, die wir uns niederwerfen zu ihren Füßen, inständig um die Gnaden, die wir benötigen.

Gebet

Oh unerreichbares Licht der übernatürlichen Wahrheit! Du, der du mit deinem göttlichen Glanze unseren Weg erleuchten und uns zu dir leiten mögest, durch dein geliebtes Geschöpf, der heiligsten Maria, die unsere Wegweiserin und Beschützerin ist; erleuchte unsere Gedanken mit der hellen Liebe und dem kostbaren Glauben, die die Mutter vom guten Erfolg den Augen der tapferen Nonne des Konvents gezeigt hat, welche die vollendete Schönheit der glorreichen Jungfrau betrachtete und in diese Geheimnisse völlig versunken war. Sodass wir nun strebsam nach den Freuden des übernatürliches Gottesreiches, nicht nach den Gütern der Erde hasten, sondern vielmehr durch den Schutz der Heiligen Maria einen beständigen und sicheren Glauben zu den offenbarten Mysterien erlangen. Dieser schenke uns ein Leben, in dem wir den Glanz unsres kommenden Genusses betrachten und unsere sehnsüchtige Freude stillen dürfen, deine Göttlichkeit und die gesegnete Jungfrau für alle Ewigkeit schauen zu dürfen. ℟. Amen.

Dank der Heiligen Jungfrau

Oh Allerheiligste Jungfrau, gepriesen unter allen Frauen, uns fehlen die Worte, um dir für deine unzähligen Geschenke und Gnaden, die wir aus deinen Händen empfangen durften, in angemessener Weise zu danken. Der Tag, an dem du in diese Welt geboren wurdest, kann zu Recht als Tag der Gnade, Rettung und des Trostes bezeichnet werden. Du bist die volle Ehre des menschlichen Geschlechts, die Freude des Paradieses, Gottes geliebter Edelstein und die Rettung unserer Nation. Aufgrund welcher Verdienste bist du, o Allerheiligste Jungfrau vom guten Erfolg, unsere persönliche Mutter geworden? Möge Gott auf ewig gepriesen sein, da es dich uns zur Mutter gegeben hat. Sei gleichfalls gesegnet, oh Jungfrau Maria, da du dich gegenüber unseren Bitten trotz unserer Undankbarkeit immer gütig zeigst.

Sei uns gnädig, oh liebevolle Mutter, damit wir durch deine Statue Trost auf Erden erlangen und in ihr einen Ort der Zuflucht, der Hilfe und des Schutzes, sei es in unseren Nöten oder in den Nöten der ganzen Kirche, finden mögen. Sei uns gnädig und schütze uns vor Kriegen, Pest, Hunger, Bränden, Erdbeben und all den Strafen, die wir aufgrund unserer Vergehen verdient hätten. Bitte für die Heilige Kirche und ihr Oberhaupt. Erhöre das Flehen derer, die dich anrufen, du unsere Fürsprecherin und Mutter; auf dich setzen wir all unser Vertrauen. Zu dir haben wir unsere Zuflucht genommen und wir hoffen, dass du für uns Vergebung unserer Sünden bei deinem Sohn erbitten und uns durch deine Gnaden eine Standfestigkeit im Glauben bis zu unserem Tode schenken mögest. ℟. Amen.

Nun erhebe jeder sein Herz zu Gott, unserem Herrn, und bitte durch die Fürsprache der Allerheiligsten Mutter vom guten Erfolg um alles, was er wünscht.

Responsorien zu Ehren der Allerheiligsten Jungfrau

Oh Maria, Jungfrau und Mutter, die du die Welt stets mit überaus großen Gnaden entzückt hast!
Antwort: Hilf uns/mir, heilige Maria, die du unsere Mutter bist.

Kein anderes Geschöpf ist gleich dir dem Wort unseres Vaters gehorsam, der überaus große Dinge zu deinen Ehren vollbracht hat!
Hilf uns/mir, heilige Maria, die du unsere Mutter bist.

Du bist der wertvollste Tempel des Heiligen Geistes, der erhabenen Dreifaltigkeit, durch welche du mit allen Freuden erfüllt wurdest!
Hilf uns/mir, heilige Maria, die du unsere Mutter bist.

In dir wohnt die Reinheit der Engel und du zeigst Güte gegenüber den Niedergeschlagenen!
Hilf uns/mir, heilige Maria, die du unsere Mutter bist.

Die Christenheit ruft dich als ihre Königin an; der König der Könige setzte dich zu seiner Rechten!
Hilf uns/mir, heilige Maria, die du unsere Mutter bist.

Oh Mutter der Gnaden! Oh unsere Hoffnung! Du Hafen der Schiffbrüchigen und Meeresstern!
Hilf uns/mir, heilige Maria, die du unsere Mutter bist.

Du immerwährende ewige Pforte des Himmels, du Heil der Kranken, du Licht in der Finsternis!
Hilf uns/mir, heilige Maria, die du unsere Mutter bist.

Durch dich mögen wir die Gnade erlangen, an dem Ort der Heiligen Gott zu sehen, in welchem er lebt und regiert.
Hilf uns/mir, heilige Maria, die du unsere Mutter bist.

Leite unsere Schritte und begleite uns in unseren letzten Stunden, oh zärtliche und süße Maria!
Hilf uns/mir, heilige Maria, die du unsere Mutter bist.

Nimm an das innige Flehen unserer Lippen, die es nicht vermögen deine unergründliche Erhabenheit auszudrücken!
Hilf uns/mir, heilige Maria, die du unsere Mutter bist.

Antiphon

Oh Maria, du bist die Hilfe der Hilflosen, die Stärke der Gläubigen und der Trost der Betrübten; bitte für die Menschen, verteidige deine Priester, lege Fürsprache für alle Frauen ein, die sich Gott geweiht haben; mögen alle, die dein heiliges Andenken bewahren, die Kraft deiner Hilfe erfahren.
℣. Bitte für uns, oh Jungfrau vom guten Erfolg!
℟. Auf dass wir würdig werden der Verheißungen Christi.

Schlussgebet

Schenke uns Herr, unser Gott, so bitten wir inständig, dass wir, deine Diener uns immerwährender Gesundheit des Leibes und der Seele erfreuen dürfen und dass wir durch die Fürsprache der Heiligsten Maria, der immerwährenden Jungfrau , befreit werden von gegenwärtigen Übeln und in ewiger Freude frohlocken dürfen. Durch Christus, unseren Herrn. ℟. Amen.

Siebter Tag

Akt der Reue

Ich glaube an Gott: vermehre, oh Herr, meinen Glauben. Ich hoffe auf Gott: stärke, oh Herr, meine Hoffnung. Ich liebe meinen Gott: entzünde, oh Herr, meine Liebe. Ich bereue es dich beleidigt zu haben, oh mein Gott: vertiefe, oh Herr, meine Reue. Ich verspreche, hoffend auf deine Gnade und auf die Hilfe und den Schutzes der Allerheiligsten Mutter des Guten Rates, dass ich nie wieder sündige. Hab Erbarmen und Mitleid mit mir, oh Herr. ℟. Amen.

Gebet für jeden Tag

O heiligste und unbefleckte Königin des Himmels, Heiligste Maria vom guten Erfolg, auserwählte Tochter des ewigen Vaters; geliebteste Mutter des göttlichen Sohnes; du Braut des Heiligen Geistes; du erhabener Thron der göttlichen Majestät; erhabener Tempel der Heiligsten Dreifaltigkeit; in welche die drei göttlichen Personen die Schätze ihrer Macht, Weisheit und Liebe gelegt haben!

Erinnere dich, oh Jungfrau Maria vom guten Erfolg, dass Gott dich als überaus großes Werk geschaffen hat, damit du den armen Sündern helfen mögest. Erinnere dich deiner vielen Versprechen, dich als liebende Mutter all denen zu zeigen, die ihre Zuflucht in dir suchen. An dich wende ich mich, oh gnadenreiche Mutter, erbitte mir durch die Liebe, mit der dich der Allerhöchste liebt, dass mir Gottvater, einen lebendigen Glauben schenken möge, durch den ich niemals die Sicht auf die ewigen Wahrheiten verliere. Von deinem Sohne erbitte mir die standhafte Hoffnung, dass ich immer danach strebe, die Glorie zu erreichen, die er durch sein Blut für mich erworben hat. Vom Heiligen Geist erbitte mir eine brennende Liebe, dass ich mein

ganzes Leben das höchste Gut und dich, oh Heiligste Jungfrau, liebe, bis ich, vertrauend auf deine Fürsprache, eingehe in die Liebe und Vereinigung mit ihm in alle Ewigkeit. ℟. Amen.

Huldigung an Maria

Da sie die geliebteste Tochter Gottvaters ist.
Gegrüßet seist du Maria...

Huldigung an Maria

Da sie die auserwählte Mutter des Gottessohnes ist.
Gegrüßet seist du Maria...

Huldigung an Maria

Da sie die Braut des Heiligen Geistes ist.
Gegrüßet seist du Maria...

Ehre sei dem Vater...

Siebter Tag

Betrachte, wie die tapfere Nonne, die voller Eifer in ihrem Gebet versunken ist und vom klaren Schein, von dem sie völlig umgeben war, erleuchtet ist, mit ihren Augen auf die Quelle der glänzenden Strahlen starrt und plötzlich vor ihr die liebenswürdigste Frau mit außergewöhnlicher Schönheit und süßer Haltung erscheint. Diese, mit einem lächelnden und freundlichen Gesichte, erschienen in eine blendende Helligkeit gehüllt, hielt auf ihrem linken Arm ein Kind, welches strahlte, mehr noch als ein Morgenstern, voller Güte und Warmherzigkeit, voll Süße und aufrichtiger Zuneigung in seiner Haltung. Die kostbare Erscheinung hielt ein wunderschönes Zepter aus glänzendem Gold und mit Edelsteinen besetzt in der rechten Hand und ihr Kopf wurde von einer funkelnden

Krone geziert. Sie war wie das Bildnis der Mutter vom guten Erfolg gekleidet, deren wunderbare Entdeckung wir die Tage zuvor betrachtet haben und der sich der Orden der Unbefleckten Empfängnis geweiht hatte, die die Gnaden dieser Erscheinung nun erfahren durften.

Die gute Nonne war immer noch in ihrem Gebet versunken und war erstaunt darüber, dass gerade sie auf diese Weise von der himmlischen Mutter besucht wurde. Ihre Seele war lebhaft erfüllt mit unbändiger Dankbarkeit und ihr Herz überflutet mit heiliger Zuneigung und inmitten des überschwänglichen Gesprächs mit einem lebendigen Glauben und Tapferkeit, Liebe und Vertrauen. Sodann fragte sie ehrfürchtig: „Wer bist du und was wünschest du von mir, dass ich tue?". Und was für ein göttliches Wunder! Mit milder und süßer Stimme antwortete die Erscheinung: "Ich bin Maria vom guten Erfolg, die du mit einer solch eifrigen Liebe angerufen hast. Dein Gebet fand Wohlgefallen bei mir, dein Glauben hat mich zu dir gebracht und deine Liebe hat mich dazu ermuntert dich zu besuchen."

Bedenke, meine Seele, die einzigartige Gnade dieser tapferen Nonne, die sich durch ihren Glauben, ihre Zuneigung und ihr eifriges Gebet verdient hat, die Heilige Maria in ihrer Gestalt zu sehen und sie in einer solchen Schönheit, Reinheit und Liebe anschauen durfte; um sich an ihrem Herrlichkeit zu erfreuen. Versetze dich in ihre Liebe und lausche ihrer süßlichen Stimme. Oh, welch heiliges Geschöpf! Wie entzückt würdest du über den Anblick der himmlischen Mutter sein! Wie leidenschaftlich würdest du wünschen ihr zu dienen und sie zu loben! Du wirst bemerken, wie sehr du sie danach lieben wirst! Bedenke wie beständig, achtsam und andächtig deine Gebete dann sein würden!

Marias Güte ermuntert uns alle, sie mit einem durchdrungenen Glauben mit dem Namen Mutter vom guten Erfolg anzurufen, sie stets mit einer Aufrichtigkeit und Treue anzuflehen, immer verbunden mit der Gewissheit, dass wir uns nur mit einem lebendigen Glauben, einem entzündeten Herzen, wachsamer Aufmerksamkeit und frommer Hinwendung der

Aufmerksamkeit der Heiligsten Jungfrau verdient machen können. Auch wenn wir nicht entlohnt werden mit der Erscheinung, so doch mit anderen gnadenreichen Geschenken und dem Triumph über unser Leidenschaften und über die Feinde des katholischen Glaubens.

Gebet

Oh Gott der unermesslichen Güte und liebender Vater deiner auserwählten Seelen, der du ihren Glauben und ihre eifrige Zuneigung durch ihre Frömmigkeit mit dem Besuch der Heiligen Maria belohnen mögest, erfülle sie alle mit Treue und Frömmigkeit, sodass sie zur Heiligkeit geführt werden mögen; erhöre zudem unser Gebet, sodass die Gegenwart des Bildnisses der Frau vom guten Erfolg, welche erschien, unseren Glauben erhellen möge und uns in der Treue und der Gewissheit von ihr erhört zu werden ermuntere; gewähre uns außerdem immerwährenden Glauben unter ihrem kraftvollen Schutz und Zuversicht darin, dass wir in unseren Bitten erhört werden und stets eifriger beten; sodass wir mit der Gnade dieser mächtigen Patronin uns selbst von den Übeln dieser Welt befreien können und wir dir somit mit mehr Hingabe dienen können und die Freuden erlangen, ewig in deiner himmlischen Wohnung und der der Heiligen Maria wohnen zu dürfen. ℟. Amen.

Dank der Heiligen Jungfrau

Oh Allerheiligste Jungfrau, gepriesen unter allen Frauen, uns fehlen die Worte, um dir für deine unzähligen Geschenke und Gnaden, die wir aus deinen Händen empfangen durften, in angemessener Weise zu danken. Der Tag, an dem du in diese Welt geboren wurdest, kann zu Recht als Tag der Gnade, Rettung und des Trostes bezeichnet werden. Du bist die volle Ehre des menschlichen Geschlechts, die Freude des Paradieses, Gottes geliebter Edelstein und die Rettung unserer Nation. Aufgrund welcher Verdienste bist du, o Allerheiligste Jungfrau vom guten Erfolg, unsere persönliche Mutter geworden? Möge Gott auf ewig gepriesen sein, da es dich uns zur Mutter gegeben hat. Sei gleichfalls gesegnet, oh Jungfrau Maria, da du dich gegenüber unseren Bitten trotz unserer Undankbarkeit immer gütig zeigst.

Sei uns gnädig, oh liebevolle Mutter, damit wir durch deine Statue Trost auf Erden erlangen und in ihr einen Ort der Zuflucht, der Hilfe und des Schutzes, sei es in unseren Nöten oder in den Nöten der ganzen Kirche, finden mögen. Sei uns gnädig und schütze uns vor Kriegen, Pest, Hunger, Bränden, Erdbeben und all den Strafen, die wir aufgrund unserer Vergehen verdient hätten. Bitte für die Heilige Kirche und ihr Oberhaupt. Erhöre das Flehen derer, die dich anrufen, du unsere Fürsprecherin und Mutter; auf dich setzen wir all unser Vertrauen. Zu dir haben wir unsere Zuflucht genommen und wir hoffen, dass du für uns Vergebung unserer Sünden bei deinem Sohn erbitten und uns durch deine Gnaden eine Standfestigkeit im Glauben bis zu unserem Tode schenken mögest. ℟. Amen.

Nun erhebe jeder sein Herz zu Gott, unserem Herrn, und bitte durch die Fürsprache der Allerheiligsten Mutter vom guten Erfolg um alles, was er wünscht.

Responsorien zu Ehren der Allerheiligsten Jungfrau

Oh Maria, Jungfrau und Mutter, die du die Welt stets mit überaus großen Gnaden entzückt hast!
Antwort: Hilf uns/mir, heilige Maria, die du unsere Mutter bist.

Kein anderes Geschöpf ist gleich dir dem Wort unseres Vaters gehorsam, der überaus große Dinge zu deinen Ehren vollbracht hat!
Hilf uns/mir, heilige Maria, die du unsere Mutter bist.

Du bist der wertvollste Tempel des Heiligen Geistes, der erhabenen Dreifaltigkeit, durch welche du mit allen Freuden erfüllt wurdest!
Hilf uns/mir, heilige Maria, die du unsere Mutter bist.

In dir wohnt die Reinheit der Engel und du zeigst Güte gegenüber den Niedergeschlagenen!
Hilf uns/mir, heilige Maria, die du unsere Mutter bist.

Die Christenheit ruft dich als ihre Königin an; der König der Könige setzte dich zu seiner Rechten!
Hilf uns/mir, heilige Maria, die du unsere Mutter bist.

Oh Mutter der Gnaden! Oh unsere Hoffnung! Du Hafen der Schiffbrüchigen und Meeresstern!
Hilf uns/mir, heilige Maria, die du unsere Mutter bist.

Du immerwährende ewige Pforte des Himmels, du Heil der Kranken, du Licht in der Finsternis!
Hilf uns/mir, heilige Maria, die du unsere Mutter bist.

Durch dich mögen wir die Gnade erlangen, an dem Ort der Heiligen Gott zu sehen, in welchem er lebt und regiert.
Hilf uns/mir, heilige Maria, die du unsere Mutter bist.

Leite unsere Schritte und begleite uns in unseren letzten Stunden, oh zärtliche und süße Maria!
Hilf uns/mir, heilige Maria, die du unsere Mutter bist.

Nimm an das innige Flehen unserer Lippen, die es nicht vermögen deine unergründliche Erhabenheit auszudrücken!
Hilf uns/mir, heilige Maria, die du unsere Mutter bist.

Antiphon

Oh Maria, du bist die Hilfe der Hilflosen, die Stärke der Gläubigen und der Trost der Betrübten; bitte für die Menschen, verteidige deine Priester, lege Fürsprache für alle Frauen ein, die sich Gott geweiht haben; mögen alle, die dein heiliges Andenken bewahren, die Kraft deiner Hilfe erfahren.
℣. Bitte für uns, oh Jungfrau vom guten Erfolg!
℟. Auf dass wir würdig werden der Verheißungen Christi.

Schlussgebet

Schenke uns Herr, unser Gott, so bitten wir inständig, dass wir, deine Diener uns immerwährender Gesundheit des Leibes und der Seele erfreuen dürfen und dass wir durch die Fürsprache der Heiligsten Maria, der immerwährenden Jungfrau, befreit werden von gegenwärtigen Übeln und in ewiger Freude frohlocken dürfen. Durch Christus, unseren Herrn. ℟. Amen.

Achter Tag

Akt der Reue

Ich glaube an Gott: vermehre, oh Herr, meinen Glauben. Ich hoffe auf Gott: stärke, oh Herr, meine Hoffnung. Ich liebe meinen Gott: entzünde, oh Herr, meine Liebe. Ich bereue es dich beleidigt zu haben, oh mein Gott: vertiefe, oh Herr, meine Reue. Ich verspreche, hoffend auf deine Gnade und auf die Hilfe und den Schutzes der Allerheiligsten Mutter des Guten Rates, dass ich nie wieder sündige. Hab Erbarmen und Mitleid mit mir, oh Herr. ℟. Amen.

Gebet für jeden Tag

O heiligste und unbefleckte Königin des Himmels, Heiligste Maria vom guten Erfolg, auserwählte Tochter des ewigen Vaters; geliebteste Mutter des göttlichen Sohnes; du Braut des Heiligen Geistes; du erhabener Thron der göttlichen Majestät; erhabener Tempel der Heiligsten Dreifaltigkeit; in welche die drei göttlichen Personen die Schätze ihrer Macht, Weisheit und Liebe gelegt haben!

Erinnere dich, oh Jungfrau Maria vom guten Erfolg, dass Gott dich als überaus großes Werk geschaffen hat, damit du den armen Sündern helfen mögest. Erinnere dich deiner vielen Versprechen, dich als liebende Mutter all denen zu zeigen, die ihre Zuflucht in dir suchen. An dich wende ich mich, oh gnadenreiche Mutter, erbitte mir durch die Liebe, mit der dich der Allerhöchste liebt, dass mir Gottvater, einen lebendigen Glauben schenken möge, durch den ich niemals die Sicht auf die ewigen Wahrheiten verliere. Von deinem Sohne erbitte mir die standhafte Hoffnung, dass ich immer danach strebe, die Glorie zu erreichen, die er durch sein Blut für mich erworben hat. Vom Heiligen Geist erbitte mir eine brennende Liebe, dass ich mein

ganzes Leben das höchste Gut und dich, oh Heiligste Jungfrau, liebe, bis ich, vertrauend auf deine Fürsprache, eingehe in die Liebe und Vereinigung mit ihm in alle Ewigkeit. ℟. Amen.

Huldigung an Maria

Da sie die geliebteste Tochter Gottvaters ist.
Gegrüßet seist du Maria...

Huldigung an Maria

Da sie die auserwählte Mutter des Gottessohnes ist.
Gegrüßet seist du Maria...

Huldigung an Maria

Da sie die Braut des Heiligen Geistes ist.
Gegrüßet seist du Maria...

Ehre sei dem Vater...

Achter Tag

Betrachte, dass die Heiligste Jungfrau, die der Nonne erschien, keinesfalls sie allein begünstigen wollte, mit einer einmaligen und vorübergehenden Gnade; Gottes Geschenke werden nicht verschwenderisch gegeben, sondern stets mit der guten Absicht, die Frömmigkeit jedes Gläubigen zu pflegen und zu fördern, indem die sittliche Weiterentwicklung und die religiöse Disziplin im Allgemeinen bei allen katholischen Orden und in der ganzen katholischen Kirche und im ganzen Volk anregt wird. Aus diesem Grunde teilte die Jungfrau Maria vom guten Erfolg der Nonne mit, dass es Gottes Wille sei, diese Statue anfertigen zu lassen, die die Erscheinung in allen ihren Details wiedergeben sollte. Dieses Bildnis sollte dann in den Chorraum des Klosters gesetzt werden, in dem alle Nonnen täglich beten, direkt hinter den Sitz der Äbtissin, sodass sie jederzeit dieses einzigartige Wunder dieser Statue bedenken mögen, als gleichsam eine „oberste Priorin". Dies sollte ein Ansporn für ewige Dankbarkeit, für besondere Aufmerksamkeit während des Gebetes, für die Verbesserung des Gehorsams, für die Beständigkeit im Glauben, für eine feste Hoffnung und für die begeisterte Liebe zur Heiligsten Maria sein, die sich selbst anbot, um über den Konvent zu wachen und ihn zu regieren.

Ach, hätten wir nur einen lebendigen Glauben, was für eine Ehre und Bewunderung hätten wir dann gegenüber dieser Statue! Wie sehr würden wir dann ihrer wohlwollenden Erscheinung gedenken, ihrer Prophezeiungen und Gefälligkeit. Wie treu ergeben wären dann unsere Bitten, wie sorgfältig die Rezitation des göttlichen Offiziums, wie inbrünstig unsere Gebete, wie selbstverständlich unser Gehorsam, wie groß unsere Beachtung gegenüber den Gesetzen und Pflichten unseres Staates!

Belebe, meine Seele, deinen Glauben, und wenn dieser nicht groß ist, so bitte Gott und Maria vom guten Erfolg inständig um diese Gnaden, sodass wir die Vorzüge des außergewöhnlichen Geschenkes und die einzigartigen Privilegien, die diesem Konvent zuteilwurden, empfangen, damit wir uns nicht selbst für den Verfall und das Schmälern der Gnade verantwortlich machen, die uns mit der großen Vorsehung geschenkt wurde. Diese wurde uns gegeben, um unsere Frömmigkeit und die Übungen unserer Tapferkeit im Glauben, der Treue, der Nächstenliebe, des Gehorsams und der Befolgung all unserer Pflichten zu unterstützen.

Gebet

Oh Gott, liebender Beschützer der frommen Gemeinschaften, der du alle unter dir versammelst und über alle mit besonderen Wundern wachest, um ihren Gehorsam zu erhalten und der du deine mächtige Fürsorge und Schutz durch Wunder gezeigt hast. Höre nun unser Gebet, erhöre unser Flehen, entzünde und erleuchte in uns die Flamme unseres Glaubens durch deinen kraftvollen Schutz, damit wir keine Feinde fürchten müssen, denn wenn du uns beschützt, wird uns nichts schaden können; und gib uns eine grenzenloses Vertrauen zur Heiligsten Maria vom guten Erfolg und die Gnade des Gehorsams und der Befolgung unserer Aufgaben und Pflichten, sodass wir keine der glänzenden Geschenke der Heiligen Fürsorgerin und mächtigen Beschützerin schmählern mögen, verbunden mit steter Demut, Dankbarkeit und Gehorsam, Respekt und gewissenhafter Unterwerfung; und aufgrund dieser Eigenschaften mögen wir eines Tages dahin gelangen, deine Gnaden und deine Gebete im Himmel zu singen und in der lebendigen Anwesenheit des Vaters, des Sohnes und des Heiligen Geistes zu sein, der Maria die Gnade geschenkt hat die Tochter, Mutter und Braut der Heiligsten Dreifaltigkeit zu sein; Gott, der du lebst und herrschest in alle Ewigkeit. ℟. Amen.

Dank der Heiligen Jungfrau

Oh Allerheiligste Jungfrau, gepriesen unter allen Frauen, uns fehlen die Worte, um dir für deine unzähligen Geschenke und Gnaden, die wir aus deinen Händen empfangen durften, in angemessener Weise zu danken. Der Tag, an dem du in diese Welt geboren wurdest, kann zu Recht als Tag der Gnade, Rettung und des Trostes bezeichnet werden. Du bist die volle Ehre des menschlichen Geschlechts, die Freude des Paradieses, Gottes geliebter Edelstein und die Rettung unserer Nation. Aufgrund welcher Verdienste bist du, o Allerheiligste Jungfrau vom guten Erfolg, unsere persönliche Mutter geworden? Möge Gott auf ewig gepriesen sein, da es dich uns zur Mutter gegeben hat. Sei gleichfalls gesegnet, oh Jungfrau Maria, da du dich gegenüber unseren Bitten trotz unserer Undankbarkeit immer gütig zeigst.

Sei uns gnädig, oh liebevolle Mutter, damit wir durch deine Statue Trost auf Erden erlangen und in ihr einen Ort der Zuflucht, der Hilfe und des Schutzes, sei es in unseren Nöten oder in den Nöten der ganzen Kirche, finden mögen. Sei uns gnädig und schütze uns vor Kriegen, Pest, Hunger, Bränden, Erdbeben und all den Strafen, die wir aufgrund unserer Vergehen verdient hätten. Bitte für die Heilige Kirche und ihr Oberhaupt. Erhöre das Flehen derer, die dich anrufen, du unsere Fürsprecherin und Mutter; auf dich setzen wir all unser Vertrauen. Zu dir haben wir unsere Zuflucht genommen und wir hoffen, dass du für uns Vergebung unserer Sünden bei deinem Sohn erbitten und uns durch deine Gnaden eine Standfestigkeit im Glauben bis zu unserem Tode schenken mögest. ℟. Amen.

Nun erhebe jeder sein Herz zu Gott, unserem Herrn, und bitte durch die Fürsprache der Allerheiligsten Mutter vom guten Erfolg um alles, was er wünscht.

Responsorien zu Ehren der Allerheiligsten Jungfrau

Oh Maria, Jungfrau und Mutter, die du die Welt stets mit überaus großen Gnaden entzückt hast!
Antwort: Hilf uns/mir, heilige Maria, die du unsere Mutter bist.

Kein anderes Geschöpf ist gleich dir dem Wort unseres Vaters gehorsam, der überaus große Dinge zu deinen Ehren vollbracht hat!
Hilf uns/mir, heilige Maria, die du unsere Mutter bist.

Du bist der wertvollste Tempel des Heiligen Geistes, der erhabenen Dreifaltigkeit, durch welche du mit allen Freuden erfüllt wurdest!
Hilf uns/mir, heilige Maria, die du unsere Mutter bist.

In dir wohnt die Reinheit der Engel und du zeigst Güte gegenüber den Niedergeschlagenen!
Hilf uns/mir, heilige Maria, die du unsere Mutter bist.

Die Christenheit ruft dich als ihre Königin an; der König der Könige setzte dich zu seiner Rechten!
Hilf uns/mir, heilige Maria, die du unsere Mutter bist.

Oh Mutter der Gnaden! Oh unsere Hoffnung! Du Hafen der Schiffbrüchigen und Meeresstern!
Hilf uns/mir, heilige Maria, die du unsere Mutter bist.

Du immerwährende ewige Pforte des Himmels, du Heil der Kranken, du Licht in der Finsternis!
Hilf uns/mir, heilige Maria, die du unsere Mutter bist.

Durch dich mögen wir die Gnade erlangen, an dem Ort der Heiligen Gott zu sehen, in welchem er lebt und regiert.
Hilf uns/mir, heilige Maria, die du unsere Mutter bist.

Leite unsere Schritte und begleite uns in unseren letzten Stunden, oh zärtliche und süße Maria!
Hilf uns/mir, heilige Maria, die du unsere Mutter bist.

Nimm an das innige Flehen unserer Lippen, die es nicht vermögen deine unergründliche Erhabenheit auszudrücken!
Hilf uns/mir, heilige Maria, die du unsere Mutter bist.

Antiphon

Oh Maria, du bist die Hilfe der Hilflosen, die Stärke der Gläubigen und der Trost der Betrübten; bitte für die Menschen, verteidige deine Priester, lege Fürsprache für alle Frauen ein, die sich Gott geweiht haben; mögen alle, die dein heiliges Andenken bewahren, die Kraft deiner Hilfe erfahren.
℣. Bitte für uns, oh Jungfrau vom guten Erfolg!
℟. Auf dass wir würdig werden der Verheißungen Christi.

Schlussgebet

Schenke uns Herr, unser Gott, so bitten wir inständig, dass wir, deine Diener uns immerwährender Gesundheit des Leibes und der Seele erfreuen dürfen und dass wir durch die Fürsprache der Heiligsten Maria, der immerwährenden Jungfrau, befreit werden von gegenwärtigen Übeln und in ewiger Freude frohlocken dürfen. Durch Christus, unseren Herrn. ℟. Amen.

Neunter Tag

Akt der Reue

Ich glaube an Gott: vermehre, oh Herr, meinen Glauben. Ich hoffe auf Gott: stärke, oh Herr, meine Hoffnung. Ich liebe meinen Gott: entzünde, oh Herr, meine Liebe. Ich bereue es dich beleidigt zu haben, oh mein Gott: vertiefe, oh Herr, meine Reue. Ich verspreche, hoffend auf deine Gnade und auf die Hilfe und den Schutzes der Allerheiligsten Mutter des Guten Rates, dass ich nie wieder sündige. Hab Erbarmen und Mitleid mit mir, oh Herr. ℟. Amen.

Gebet für jeden Tag

O heiligste und unbefleckte Königin des Himmels, Heiligste Maria vom guten Erfolg, auserwählte Tochter des ewigen Vaters; geliebteste Mutter des göttlichen Sohnes; du Braut des Heiligen Geistes; du erhabener Thron der göttlichen Majestät; erhabener Tempel der Heiligsten Dreifaltigkeit; in welche die drei göttlichen Personen die Schätze ihrer Macht, Weisheit und Liebe gelegt haben!

Erinnere dich, oh Jungfrau Maria vom guten Erfolg, dass Gott dich als überaus großes Werk geschaffen hat, damit du den armen Sündern helfen mögest. Erinnere dich deiner vielen Versprechen, dich als liebende Mutter all denen zu zeigen, die ihre Zuflucht in dir suchen. An dich wende ich mich, oh gnadenreiche Mutter, erbitte mir durch die Liebe, mit der dich der Allerhöchste liebt, dass mir Gottvater, einen lebendigen Glauben schenken möge, durch den ich niemals die Sicht auf die ewigen Wahrheiten verliere. Von deinem Sohne erbitte mir die standhafte Hoffnung, dass ich immer danach strebe, die Glorie zu erreichen, die er durch sein Blut für mich erworben hat. Vom Heiligen Geist erbitte mir eine brennende Liebe, dass ich mein

ganzes Leben das höchste Gut und dich, oh Heiligste Jungfrau, liebe, bis ich, vertrauend auf deine Fürsprache, eingehe in die Liebe und Vereinigung mit ihm in alle Ewigkeit. ℟. Amen.

Huldigung an Maria

Da sie die geliebteste Tochter Gottvaters ist.
Gegrüßet seist du Maria...

Huldigung an Maria

Da sie die auserwählte Mutter des Gottessohnes ist.
Gegrüßet seist du Maria...

Huldigung an Maria

Da sie die Braut des Heiligen Geistes ist.
Gegrüßet seist du Maria...

Ehre sei dem Vater...

Neunter Tag

Beachte, wie furchtsam die Nonne war, nachdem sie die Wünsche der Heiligen Maria vernommen hatte, eine Statue errichten zu lassen, die genau den Maßen und der Form der Erscheinung entsprechen sollte und wie sie sich bei ihr entschuldigte und sagte, dass es unmöglich für sie sei eine Skulptur von solcher Schönheit zu erschaffen, da sie nicht einmal die Größe und die genauen Maße der Arbeit kennen würde. Daraufhin sprach die wunderbare Erscheinung mit anmutiger Haltung: „Sorge dich nicht darum; löse das Zingulum, welches du um deine Lenden trägst und miss meine Höhe damit." Da die furchtsame Nonne es aber nicht vermochte Maria mit ihren Händen zu berühren, nahm die Heilige Mutter das eine Ende des Zingulum und hielt es an ihre Stirn, während die kleine Nonne das andere Ende an die Füße legte, um so die genauen Maße der wundersamen Erscheinung zu erhalten. „So nimm nun die genaue Größe meiner Statue, die du machen lassen sollst, und sorge dich nicht mehr. Alles andere wird dir gegeben werden.

Stelle die Statue an genau den Platz, den ich dir beschrieben habe, und lege ihr ein Zepter und die Schlüssel dieses Klosters in die rechte Hand, denn ich wünsche die Fürsprecherin und Beschützerin dieses Kloster zu sein." Nachdem sie dies gesagt hatte, verschwand die Erscheinung.

Nun erforsche das Herz der Nonne, die gerade eben ein solch einzigartiges Geschenk erhalten hat und unendlich darüber erfreut ist, einen solchen Auftrag durch die Heilige Maria erhalten zu haben. Wie überaus dankbar muss sie sich fühlen und mit welcher Fülle an Liebe und Zuneigung muss sie gegenüber der Jungfrau sein. Welche frommen Gedanken! Welche kräftigen Vorhaben! Welche innige Sehnsucht! Ach, suche meine Seele, nach diesen Empfindungen in deinem Herzen und sei bestrebt danach, deine grenzenlose Dankbarkeit gegenüber der Fürsprecherin und Beschützerin des Klosters auszudrücken. Verehre dieses Bildnis der Heiligen Maria mit solcher zärtlicher Dankbarkeit und glühender Sehnsucht, verbunden mit dem Wunsche ein heiliges Lebens zu führen, indem du gehorsam und aufmerksam gegenüber den kleinsten Regeln und Gesetzen bist.

Daraufhin eilte die Nonne mit dem Geschenk der Erscheinung davon, um die Statue von dem fähigsten Manne der ganzen Stadt anfertigen zu lassen. Und so entstand die wunderschöne Statue voller Anmut und majestätischer Haltung und steht nun im Chorraum des Konvents, um verehrt zu werden und ein immerwährendes Andenken zu sein. Der Konvent, der sich ihr geweiht hatte, hat stets in seinen größten Nöten zu seiner Patronin gebetet. Sie war zudem auch der Zufluchtsort aller Menschen, in all ihren Bedürfnissen und durch die Fürsprache der Heiligen Maria haben sie bezeichnende Wunder und große Gnaden für ihre Nation erhalten.

Die Größe, die Maria uns gab, ist aber nicht nur die körperliche. Sie gab uns gleichsam auch die Größe ihrer Demut, ihrer Obrigkeit und ihrer Liebe zu Gott und dem Nächsten. Ahme sie nach, damit du selbst ein Bildnis der Heiligen Jungfrau in deinem Herzen erschaffen mögest. Beeile dich gleichsam der gläubigen Nonne, damit du ein ebenso moralisches Bildnis der Heiligen Mutter für dein Verhalten und deine Zuneigung ihr gegenüber erschaffen mögest; ebenso eines für dein Benehmen und deine Haltung, deine Ehrlichkeit und Treue gegenüber den Regeln und deinen Gebeten, deiner Demut und deiner Aufrichtigkeit; deiner Reinheit, deiner Trennung von den Gütern der Erde; damit du vollends nach den himmlischen Dingen streben mögest.

Gebet

Oh Gott, sorgsamer Vater deiner Geschöpfe, der du uns deine väterliche Fürsorge und zugeneigte Herrschaft täglich zeigst, insbesondere durch die Gnade, dass du uns die Heilige Maria als Fürsprecherin, Beschützerin und Beispiel der Tapferkeit gegeben hast; gieße in uns die Sehnsucht ein unserer Königin und Mutter nachzueifern, indem wir uns die Größe ihrer Gedanken, Sehnsucht und Taten zu eigen machen, um unser Herz ihrem gleich zu machen, damit wir aus dieser zerbrechlichen Welt enteilen können; und hilf uns, mit deiner göttlichen Gnade unsere Leidenschaften zu überwinden, die erhabenen Tugenden unserer Mutter zu erlangen. Wir, die wir uns ihre Kinder nennen, die sich zu ihr mit zärtlichem Gebet wenden in all unseren Nöten, sodass wir ihrer Fürsprache gewiss sein können. Zuletzt mögen wir sie im Augenblick unseres Todes als glücksverheißende Mittlerin finden, damit wir immerfort in ihrer Wohnung im Himmel verweilen dürfen. ℟. Amen.

Dank der Heiligen Jungfrau

Oh Allerheiligste Jungfrau, gepriesen unter allen Frauen, uns fehlen die Worte, um dir für deine unzähligen Geschenke und Gnaden, die wir aus deinen Händen empfangen durften, in angemessener Weise zu danken. Der Tag, an dem du in diese Welt geboren wurdest, kann zu Recht als Tag der Gnade, Rettung und des Trostes bezeichnet werden. Du bist die volle Ehre des menschlichen Geschlechts, die Freude des Paradieses, Gottes geliebter Edelstein und die Rettung unserer Nation. Aufgrund welcher Verdienste bist du, o Allerheiligste Jungfrau vom guten Erfolg, unsere persönliche Mutter geworden? Möge Gott auf ewig gepriesen sein, da es dich uns zur Mutter gegeben hat. Sei gleichfalls gesegnet, oh Jungfrau Maria, da du dich gegenüber unseren Bitten trotz unserer Undankbarkeit immer gütig zeigst.

Sei uns gnädig, oh liebevolle Mutter, damit wir durch deine Statue Trost auf Erden erlangen und in ihr einen Ort der Zuflucht, der Hilfe und des Schutzes, sei es in unseren Nöten oder in den Nöten der ganzen Kirche, finden mögen. Sei uns gnädig und schütze uns vor Kriegen, Pest, Hunger, Bränden, Erdbeben und all den Strafen, die wir aufgrund unserer Vergehen verdient hätten. Bitte für die Heilige Kirche und ihr Oberhaupt. Erhöre das Flehen derer, die dich anrufen, du unsere Fürsprecherin und Mutter; auf dich setzen wir all unser Vertrauen. Zu dir haben wir unsere Zuflucht genommen und wir hoffen, dass du für uns Vergebung unserer Sünden bei deinem Sohn erbitten und uns durch deine Gnaden eine Standfestigkeit im Glauben bis zu unserem Tode schenken mögest. ℟. Amen.

Nun erhebe jeder sein Herz zu Gott, unserem Herrn, und bitte durch die Fürsprache der Allerheiligsten Mutter vom guten Erfolg um alles, was er wünscht.

Responsorien zu Ehren der Allerheiligsten Jungfrau

Oh Maria, Jungfrau und Mutter, die du die Welt stets mit überaus großen Gnaden entzückt hast!
Antwort: Hilf uns/mir, heilige Maria, die du unsere Mutter bist.

Kein anderes Geschöpf ist gleich dir dem Wort unseres Vaters gehorsam, der überaus große Dinge zu deinen Ehren vollbracht hat!
Hilf uns/mir, heilige Maria, die du unsere Mutter bist.

Du bist der wertvollste Tempel des Heiligen Geistes, der erhabenen Dreifaltigkeit, durch welche du mit allen Freuden erfüllt wurdest!
Hilf uns/mir, heilige Maria, die du unsere Mutter bist.

In dir wohnt die Reinheit der Engel und du zeigst Güte gegenüber den Niedergeschlagenen!
Hilf uns/mir, heilige Maria, die du unsere Mutter bist.

Die Christenheit ruft dich als ihre Königin an; der König der Könige setzte dich zu seiner Rechten!
Hilf uns/mir, heilige Maria, die du unsere Mutter bist.

Oh Mutter der Gnaden! Oh unsere Hoffnung! Du Hafen der Schiffbrüchigen und Meeresstern!
Hilf uns/mir, heilige Maria, die du unsere Mutter bist.

Du immerwährende ewige Pforte des Himmels, du Heil der Kranken, du Licht in der Finsternis!
Hilf uns/mir, heilige Maria, die du unsere Mutter bist.

Durch dich mögen wir die Gnade erlangen, an dem Ort der Heiligen Gott zu sehen, in welchem er lebt und regiert.
Hilf uns/mir, heilige Maria, die du unsere Mutter bist.

Leite unsere Schritte und begleite uns in unseren letzten Stunden, oh zärtliche und süße Maria!
Hilf uns / mir, heilige Maria, die du unsere Mutter bist.

Nimm an das innige Flehen unserer Lippen, die es nicht vermögen deine unergründliche Erhabenheit auszudrücken!
Hilf uns / mir, heilige Maria, die du unsere Mutter bist.

Antiphon

Oh Maria, du bist die Hilfe der Hilflosen, die Stärke der Gläubigen und der Trost der Betrübten; bitte für die Menschen, verteidige deine Priester, lege Fürsprache für alle Frauen ein, die sich Gott geweiht haben; mögen alle, die dein heiliges Andenken bewahren, die Kraft deiner Hilfe erfahren.
℣. Bitte für uns, oh Jungfrau vom guten Erfolg!
℟. Auf dass wir würdig werden der Verheißungen Christi.

Schlussgebet

Schenke uns Herr, unser Gott, so bitten wir inständig, dass wir, deine Diener uns immerwährender Gesundheit des Leibes und der Seele erfreuen dürfen und dass wir durch die Fürsprache der Heiligsten Maria, der immerwährenden Jungfrau, befreit werden von gegenwärtigen Übeln und in ewiger Freude frohlocken dürfen. Durch Christus, unseren Herrn. ℟. Amen.

Gebet zur Heiligsten Maria vom guten Erfolg

Heiligste Jungfrau, liebende Mutter und Beschützerin der Menschheit, immerwährender Schutz gegen den Teufel und sorgsame Hüterin unserer Seelen: ich verehre dein heiliges Bildnis, welches deine einzigartigen Gnaden gegenüber den Pilgern und deinen gütigen Schutz für alle guten Menschen der katholischen Gemeinschaft darstellt und an diese erinnert; vertrauend auf deinen einzigartigen Schutz werfe ich mich dir zu Füßen und gieße mein Herz vor dir aus, reumütig über die Frevel gegen Gott und gegen dich, und bitte dich um Verzeihung meiner Fehler und meines Unvermögens. Ich danke dir noch einmal für alle deine Geschenke durch deine Gnade, für deine wundersame Erscheinung und für dein Gelöbnis deiner Liebe, welches du uns durch das Geschenk deines Bildnisses gegeben hast, unsere Herrin und Fürsprecherin. Erhöre mein Flehen, oh meine Mutter, die du die Heilung unserer Krankheiten bist. Du wirst niemals deine Hilfe verweigern, die ich so häufig benötige, denn deine Gnade und Güte sind größer als meine Fehler. Verschmähe unsere Gebete nicht und bleibe unsere Beschützerin, die wir dich aufgrund unseres Elends brauchen, schaue über unsere zerbrechliche Natur hinweg. Erhöre unsere Gebete mit zärtlicher Liebe; hilf uns, stehe uns bei in allen Nöten; zerstöre die teuflischen Pläne unserer Feinde; Erbitte uns Mut und Verzicht in unsere Drangsal und eine großes Vertrauen in Gottes Kraft. Erneuere in allen Ordensleuten ihren Eifer, sodass sie gläubig Gehorsam gegenüber ihren Vorgesetzen und den aufgestellten Regeln leisten. Gib uns eine stete Sehnsucht danach, dir zu dienen und dich als unsere Herrin zu lieben, unter der wir als geeinte Gemeinschaft, geeint sowohl im Denken als auch im Verhalten, wohnen mögen, jederzeit überaus dankbar für die Geschenke, wie dieses, dass wir dich als immerwährendes Andenken in diesem Bildnis verehren dürfen: sodass wir dir immer mit unerlässlichem Eifer und mit übernatürlichem Einfluss dienen mögen, damit wir dich im Himmel vollends besitzen dürfen. ℟. Amen.

Laus Deo et Beatae Mariae Virgini

Das Magnificat

Meine Seele preist die Größe des Herrn:
und mein Geist jubelt über Gott, meinen Retter.

Denn auf die Niedrigkeit seiner Magd hat er geschaut; siehe, von nun an preisen mich selig alle Geschlechter!

Denn der Mächtige hat Großes an mir getan, und sein Name ist heilig.

Er erbarmt sich von Geschlecht zu Geschlecht über alle, die ihn fürchten.

Er vollbringt mit seinem Arm machtvolle Taten; er zerstreut, die im Herzen voll Hochmut sind; er stürzt die Mächtigen vom Thron und erhöht die Niedrigen.

Die Hungernden beschenkt er mit seinen Gaben und lässt die Reichen leer ausgehen.

Er nimmt sich seines Knechtes Israel an und denkt an sein Erbarmen, das er unseren Vätern verheißen hat, Abraham und seinen Nachkommen auf ewig. Amen.

www.ingramcontent.com/pod-product-compliance
Lightning Source LLC
Chambersburg PA
CBHW051457290426
44109CB00016B/1789